라이더가 그은 직선

시와문화 시집 61

라이더가 그은 직선

박몽구 시집

시와문화

■시인의 말

시는 내 마음의 닻이다
겉만 화려한 것
짜릿한 것들에 이끌려
망망대해를 떠돌 때마다
내 정신의 본적지로
돌려보낸다

2022년 봄 박몽구

|차례|

■시인의 말

1부 : 줌 인

2부 : 꿈에 그린

3부 : 은밀한 초대

4부 : 탁란

1부
줌 인

라틴 바구니

집 근처 대형마트로 겨울옷 한 벌 사러 갔다가
설 전인데도 즐비한 봄옷들에 떠밀려 허탕 쳤다
빈손으로 돌아서다가
에스컬레이터 옆 저가품 코너에 진열된
왕골 바구니 같은 것에 눈길이 갔다
고향 집 생각이 나서 다가가 보니
멀리 페루에서 온 라틴 바구니란다
테두리가 단단한 게 왕골이 아닌
티티카카호에 자라는 갈대로 짰단다
흐트러진 잡동사니를 모으는 데 좋을 것 같아
얼른 한 개를 집어들었다
페루 여인이 단돈 몇천 원에
물집 마다하지 않고 밤새워 짰을
라틴 바구니를 손에 넣다니!
물을 부어도 새지 않을 만큼
촘촘한 해초 갈대 바구니를 만지며
하루하루를 온 몸을 던져 살아가는 사람들의
땀 냄새가 왠지 향기롭게 다가선다
어렸을 적 아들놈의 월사금을 마련하기 위하여
꼬박 겨울밤 밝혀가며

오일장에 내다 팔 함지를 짜던
아버지의 마음도 이랬으리라
며칠 꼬박 밤 새워 수백 개를 짜도
반도체 하나 값에도 못 미치지만
라틴 여인이 어둠을 몰아내며 짠 바구니에는
돈으로 살 수 없는
생의 비밀이 숨어 있는 것 같아
설 앞누고 뒤늦게 닥친 추위를
라틴 바구니 향기로 몰아내며 집으로 간다
모처럼 아이들과 따스한 저녁놀 담긴 밥상
함께하리라 발길을 재촉한다

줌 인

중국발 미세 먼지가 줄어든 덕분인가
모처럼 하늘이 파란 가을 며칠
카메라 렌즈로 세상을 들여다본다
추석빔을 차려입은 사람들
코로나 19 탓에 뚝 손님이 끊겼던
코끼리만두집 무지갯빛 피어오르는 김도
렌즈 속에서 생생하게 살아난다
그런 살아 있는 풍경들은
줌 렌즈로 한껏 끌어당겨 담다가도
잘 다니던 일터에서
코로나 19로 쫓겨난 회계 사무직 친구
밤새워 심야식당에서 우동을 삶던 친구
바이러스 공포로 문을 닫은 일터
초점 거리 밖으로 밀려나
흐릿한 안개 속에 갇힌다
그들의 행방 누구도 모른다
캐논 카메라 줌
당길 때마다 사라지는
느리게 바닥을 기어가는 굼벵이,
난장에서 찬바람 섞어 굽는 국화빵 장수

개미가 제 몸통보다 큰 은행알 굴려 가듯
마른 등 위에 산보다 높은 택배 상자 지고
고층 아파트 계단을 오르는 택배 기사들
땀 범벅 모습 흐린 안개 속으로 감춰진다

정작 담아야 할 것들
다 지우고
잘나고 보기 좋은 것들만 추려서
가시권 안에 들여놓는 너는 누구냐

메콩강 커피

태국 최북단 골든 트라이앵글에 살고 있는
정도연 시인이 커피 한 통을 보내왔다
미얀마와 캄보디아 내전을 피해
척박한 산골로 찾아든
가난한 소수민족들이 가꾼 커피나무 열매란다
요염한 향기를 지닌 양귀비를 심으면
쉽게 목돈을 마련할 수 있으련만
강한 유혹 뒤에 숨은 검은 자본
사람의 목숨을 파리보다 못하게 만드는
총자루로 바뀌는 슬픔을 지켜본 사람들은
더디고 쉽게 돈이 되지 않지만
산자락 좁은 다락논에 커피나무를 심는단다

여과지에 받혀 머그잔에 따르면
국경을 넘나들며 살아가는
소수민족의 눈빛이라도 된 듯
검붉게 넘실거리는 커피를 마신다

달콤한 커피 향 대신
씁쓸한 맛에

집 없이 국경을 넘나드는
사람들의 슬픔이 묻어있는 것 같아
왠지 쉽게 목넘이가 되지 않는다

양귀비보다 향기롭지 않고
검은 자본이 집어넣은
달콤한 유혹은 첨가되지 않았지만
소수민족 친구의 땀 냄새를 생각하며
한 모금 커피를 홀짝거린다

빈 약병

어지럽게 널린 책상을 정리하다
빈 약병 여러 개를 찾아
버리려고 빈 봉투에 넣는다
지친 간을 말끔하게 풀어준다는 밀크 시슬,
저항력을 높여준다는 종합비타민,
햇볕을 쪼일 시간이 부족할 때
합성하지 못한 비타민D 보충제…
비어 있거나
먹기를 까먹어 심지어 몇 년씩 방치된 약병들이
먼지를 뒤집어쓴 채
책상 아래에서 줄줄이 딸려 나온다

저렇게 약병들이 널려 있는데도
정맥을 따라 흐르는 끈적거리는 피
발끝에서 멈칫거리며 바르르 떨게 하고
자판을 두드리다가 제풀에 지쳐서
낮잠을 푹 자고 일어나도
녹지 않고 떠다니는 유빙처럼
눅진한 피로는 풀리지 않는다

약들이 허락도 없이 내 몸 안에
무허가 주택을 얼기설기 짓고는
제 식구들을 갈수록 더 많이
불러들이고 있다
큰 약병일수록 퉁기면
배고프다는 듯 둔탁한 소리가 난다

끈적거리는 피 녹여주던
병 몇 개에서는
약으로는 집을 다 채울 수 없다고
들로 산으로 가라고
죽비를 휘두르듯 쉰소리가 난다

적잖은 시간 사귀어
버리기 어려운 친구
이제 결별해야 할 시간임을 안다
그에게 내주었던 셋방을 거둬들이고
그의 유산들을
아픈 살 도려내듯
폐기물 함에 쏟아붓는다

중국인 거리

불씨를 안은 성냥갑 켜켜이 포개어 쌓듯
조그만 집들이 언덕 끝까지 늘어서 있다
몸 하나 빠지기에도 비좁은
골목들이 거미줄처럼 산동네를 잇고 있어
헐거운 벽 너머
사랑싸움하는 소리
금방이라도 벽을 뚫고 나올 것 같다
서로 어슷하게 어깨를 기댄 채
기울어져 있는 집들 맨 위에 서 있는
착한 이웃 교회라는 간판
그게 아니라는 듯 삐딱하게 기울어져 있다

코로나 19로 찾는 사람 뜸한
골목 중턱 중국인 찻집에 들러
재스민 차 한 잔 홀짝거리며 창밖을 본다
한쪽 귀퉁이가 눌린 듯
위태롭게 포개어져 있는
낡은 벽돌집들 사이로
흐드러진 노란 산수유꽃들
부끄럽게 창 맞대고들 있지만

사람들 사이에 향기가 있단다

문득 월미도 쪽에서 불어오는 봄바람 한 줄기
아무리 맥아더의 함포 사격이 거세다 해도
결코 무너뜨릴 수 없는 게 있다고
깨진 벽 틈 사이를 파고드는
산수유 향기가 일러준다

카피 카피

노란 해바라기가 열네 송이나 담긴
고흐의 그림 복사본을 당근 마켓에서 샀다
아를르의 황금벌판을 그대로 보여주듯
색감이 생생하게 살아 있다
지중해의 따가운 햇살을 이기고
긋긋이 고개를 든 해바라기 얼굴이며
지중해의 바람을 쓸어넘기는 잎도
잉크로 찍었다고 볼 수 없이
손에 잡힐 듯 선명하게 담겨 있다
동판화를 찍듯 농담을 잘 살린 덕분이란다

단돈 만원에 고흐의 수작을
내 구차한 서재에 걸다니
흐뭇한 생각이 들다가
죽음을 앞두고 미친 듯이 화폭을 채워가는
고흐를 생각하니 이게 아닌데 하는 생각이 들었다
세상과 단절된 외로움에 귀를 자르고
하숙비를 마련할 수 없는 가난에
따뜻한 해바라기를 그려 추운 방을 덥혔던
고흐를 헐값에 함께할 수 없다는 생각에

벽에 걸었던 해바라기를 내려놓는다

지하철 좁은 통로 좌판에 놓인
명품 가방들 앞에서
나도 모르게 얇은 지갑을 턴 적이 있다
원단을 누빈 바느질 솜씨
심지어 잘못 마감된 하자까지 똑같은
저 가방을 옆구리에 들면
덩달아 명품족이 될 것 같다는 생각에
잠깐 흔들리다가
돌아섰던 씁쓸한 기억이 있다

이미테이션은 언제나 진품보다 때깔이 더 요란하다
아를르의 고흐가 그린 해바라기보다
노란 잉크 술술 푼 복사판이 더 화려하다
밀린 하숙비 독촉을 받은 저녁
동생 테오가 오는 시간을 기다리며
화폭 가득 아를르의 밤을 옮기던 고흐를
함께 데려와야만 한다는 생각이 간절하다

고흐의 차디찬 방을 생각하며
잉크 찌꺼기 듬성듬성한 볼펜 굴려가며
미뤄둔 시 몇 줄 삐뚤빼뚤 적는다

도토리 저금통

건들장마 잠깐 잠잠해진 틈 비집고
청계산 발부리에 자리 잡은 백운사 오르는 길
요즈음 들어 다람쥐들이
좀처럼 보이지 않는다
산사로 가는 발걸음들이 부산해지면서
놀란 다람쥐들이 깊은 숲으로 숨은 모양이다

산사 옆으로 난 계곡 바위에 붙은
손바닥만 한 전단지들이
간간이 눈에 밟힌다
부처님 좋은 글귀거니 했더니
근처 통닭집 광고 전단이다
양념 통닭 한 마리, 맥주 2병에 2만원!
상혼이 산사 앞길 멱살을 쥔 모습에
흠칫 물러선다
다람쥐도 제 앞마당에서 벌어지는 소란에 놀라
후다닥 몸을 피하는 모습이 눈에 선하다

누군가 굴참나무에 걸어둔
도토리 저금통이 안쓰럽게 눈에 밟힌다

다람쥐들의 안방마저 차지한
사람들의 욕심이 부끄러워
산길에서 주운 도토리 몇 알
앙징스런 도토리 저금통에 넣는다

인적이 뜸한 틈 타서
겨우 제집으로 돌아온 다람쥐
출출한 속 덥히라고
따스한 입김도 함께 불어넣는다

턴테이블

아무리 몸값이 높은 가수라 해도
바닥에 구깃구깃 눌린 목소리
겨우 남길 뿐
그럴듯한 무대라곤 찾아볼 수 없다

온몸을 쥐어짜는 빌리 할리데이의 슬픈 재즈
한순간이라도 놓치지 않으려면
탐침 단단히 박힌 혀 하나로
먼지 켜켜이 쌓인 검은 바닥을
남김없이 핥아야 한다

바늘에 푹 찔려야
비로소 제 목소리를 내는 친구
초침이 긋는 상처 견디며
일 분에 서른세 바퀴나 돈다는데
핑핑 제자리 맴돌아도
흔들리는 낌새라곤 보이지 않는다

아무리 몸값이 높은 가수라 해도
바닥에 구깃구깃 눌린 목소리

겨우 남길 뿐
그럴듯한 무대라곤 찾아볼 수 없다

깊고 가파른 소리골 극점까지 닿느라
피멍 성성하게 맺힐 때
비로소 보이지 않는 소리의 성 한 채
황홀하게 허공에 세워진다

바닥에서 꺼낸 피멍 그득한 혀
모름지기 시는 밀실에서 듣기 좋은
자음과 모음을 짜 맞추는 게 아니라고
온갖 음모로 꽉 막혀 있는
저 거리로 뛰쳐나가야 한다고
뜨겁게 한마디 귀띔해 준다

프레스 아래 청춘을 짓이기는
공단동 친구가 끝내 뱉지 못한 말
질긴 종이의 살결을 헤집어서라도
그대로 담아내야 한다고 말한다
탐침 하나에 기대어
장애물 가득한 바닥
꼬부라진 혀 내리깐 채
한 치의 빈틈도 없이 훑어 나가면서…

라이더가 그은 직선

제아무리 덩치 큰 버스
하늘 높은 줄 모르는 지체 자랑하며
번들거리는 메르세데스 벤츠 600이라 해도
그의 길을 막지는 못한다

브레이크라곤 없이
앞으로 달려나가는 가속 페달만 달려 있는
배달 오토바이를 멈춰 세울
신호등은 눈을 감은 지 오래
스멀스멀 코로나 19 숨은 발뒤꿈치 들고
문밖으로 나가는 길
넥타이 바싹 조이듯 좁힐수록
그의 길은 더 멀리 활짝 열린다

비밀금고를 가진 부자들
순금 막대나 다이아몬드에 목숨을 걸듯
기껏해야 뒤 트렁크에 층층이 구겨 넣은
짬뽕 몇 그릇, 보너스 군만두 한 접시
뜨거움을 지키는 데 온몸을 던지는
라이더를 달구는 속도에는 눈이 없다

천정 모른 채 치솟는 아파트
밀린 월세 임대료
출구를 닫은 채 올라가는 대학 등록금
반지하 방에서 기다리는 어린것들
등에 업은 채 달리는
그의 휜 허리를 읽어주는 사람은 없다

매연으로 막힌 길 아닌
먼 시간의 꼭짓점들을
직선으로 잇던 궤도 이탈하여
몇 뼘 남지 않은 목표를 향해 나아가는
한 줄기 붉은 피
아직 따뜻하다

성냥을 긋듯

코로나 19가 잠시 멈칫한 틈을 타
빼꼼히 문을 연 성냥박물관에 들렀다
유리 진열장 너머
성냥개비들이 해쓱한 얼굴로 반긴다
지금이라도 좁은 문 박차고 튀어나올 듯
머리를 들이밀고 있는 걸 보면
불씨들도 맑은 공기 한 줌 간절한 것 같다
성냥개비들 갑갑함을 이기며
서로 얽혀 있는 걸 보면
연안부두 하역 노동자들이 서로 기댄 채
모로 누워 뜬눈으로 겨울밤 새는 것 같다
슬쩍 건드리기만 해도
금방 뜨거운 눈물이 왈칵 쏟아질 것 같다
설을 앞두고도 고향 갈 엄두를 내지 못한 채
밤을 낮으로 바꾸어
제 몸집보다 무거운 밀가루 부대를 내리는
하역 노동자들의 굽은 등
대낮보다 환하게 백열등 타는 공장에서
누군가 선물 받고 함박꽃처럼 펴질
얼굴 그리며 설빔을 짓는 재봉사들

어화로 언 바다 달래며
그물코 걷어 올리기에 여념 없는 어부들
보이지 않는 손들 덕분에
겨울의 끝이 보인다고
집집마다 불씨를 옮겨주는
성냥개비가 마른 몸으로 소리친다
금방이라도 온몸을 소신공양하듯
차고 가파른 벽을 향해 던진다

수경 상추

코로나 19에 이어 지리한 장마가 이어지면서
채솟값이 천정을 모른 채 오르자
야채 가게를 기웃거리는 걸 포기한 채
베란다 한쪽을 빌려 수경 재배를 시작했다
종묘상에서 사온 상추 묘 몇 포기를
투명한 플라스틱 용기에 꽂은 채 물을 붓자
놀랍게도 일주일도 못 가
파릇파릇 상추 머리가 풍성해지기 시작했다
고깃값보다 비싼 상추를
맹물을 부어 쑥쑥 자라게 하다니!
아내의 손 어디에 마술 지팡이가 숨었는지
몇 번이고 들여다본다

오십 일 넘게 질질 끄는 장마에 이어
몇 차례 태풍까지 잇따르면서
시장에서도 채소가 자취를 감추자
베란다에 꾸린 수경 재배 농장은
더욱 활기를 띠어 갔다

풍성한 머리를 싹둑 잘라서 식탁에 올렸지만

며칠이 안 되어 상처를 아물린 채
다시 파릇파릇한 잎으로 하늘을 들어올리는
수경 상추를 본다
맑은 물을 갈아주기만 하면
칼에 베인 듯 쓰린 상흔을 잊은 채
새파란 싹을 내미는 상추가 기특하다
태풍도 잦아들고 가을바람이 불면서
뿌리가 물을 켜기에도 지쳐서
언제까지나 파릇한 입 내줄 것 같던
어미 상추가 마침내 악취와 함께 수장되는 걸 본다
그날 아침에는 식탁에 오른 상추가 안쓰러워
왠지 손이 가지 않았다

종편에서는 브라질 밀림에 붙은 불이
몇 년째 꺼지지 않고 있다는 소식
검은 연기가 화면을 뒤덮은 모습
연방 전하고 있다
낙뢰가 옮긴 불씨도 아니고
화전민들이 밭을 넓히기 위해 불 지른 것도 아니란다
지하에 묻힌 금이나 우라늄 등 비싼 광물을 캐거나
원주민을 몰아내고 값싸게 공장을 지을 목적으로
자본가들이 은밀하게 도발한 산불 탓이란다
지구의 허파가 깊은 상처를 입은 채
헐떡거리는 모습이 눈에 아프게 얹힌다

베란다에 남은 상추의 시신을 거두어
아파트 마당에 묻어주면서
자연을 마음대로 주무를 수 있으리라는 오산이
얼마나 어리석은 것인지 헤아려 본다

오늘 저녁에는 야채 시장에 다시 가봐야겠다

로또, 비트코인, 폐광

붉은 뱀 꿈을 꾼 친구
로또복권 한 장을 불쑥 건넨다
토요일 추첨을 기다리며
신나게 살아보라고 맞잡은 손을 흔든다
비좁은 골목을 지나다가
이중으로 주차해 있는 차들을 보며
속으로 심한 말을 뱉곤 한 게
한두 번이 아니다
번듯한 엠블렘을 박은 외제차들도
긴 꼬리 속에 점점이 박혀 있다
콩비지 백반집, 보세 옷가게, 자전거 수리점들
반년도 못 가 속속 간판을 내리는 상가에
비좁은 인도마저 점령한 차량 홍수라니
웬일인가 했더니
로또복권 추첨을 목전에 두고 늘어선 줄 때문이란다
상가 구석에 박힌 콧구멍만 한 복권방에서
일이등 당첨자 몇 번 나오고 나서부터
복권 명당으로 알려져
용한 점쟁이를 찾아다니듯
멀리 백리 밖에서도 물어물어 찾아온단다

코로나 19로 밀면집에 차가운 자물쇠가 걸려도
값싸게 팔던 청년 야채 가게
대형 수퍼 할인 공세에 밀려 문 닫아도
이중주차로 지나갈 길 좁히며
날로 성업인 복권방
삽날이 닳도록 시멘트를 비비거나
무거운 짐을 지며 땀을 빼는 일이
얼마나 어리석은 짓이냐며
문을 열어 놓을수록 빚이 쌓이는
팬데믹 시대에 코를 찌르는
청국장 끓이며 손님을 마냥 기다리는 게
얼마나 바보 같은 짓이냐며
로또 복권을 사는 사람들이 늘어가고 있다
퍼머약 냄새 풀풀거리는 헤어샵 접고
비트코인 채굴에 여념 없는 사람들
날로 불어나고 있다
흙손 한번 바르지 않은 채
허공에 큰 집을 짓는 사람들에 밀려
일터로 가는 길 툭툭 끊기고
꽉 조여들어 막힌 핏줄처럼
복권을 긁기 위해 몰려든 차들
이웃들이 집으로 가는 길 내놓으라고
연일 큰소리치고 있다
허공의 집 끌어내려

땀 흘리며 땅에 말뚝을 박으라고
하루 만에 다시 반토막이 난
비트코인 시세표
매운 죽비를 내리친다

머그잔

그의 두툼한 몸을 만지는 것만으로
얼음의 도가니에 들어있던 마음
잔뜩 조여져 있던 스프링 풀리듯
금세 둘레를 넓혀 넉넉해진다
잘 익은 수박빛 저녁노을 한 스푼
리트머스 시험지를 잠깐 적신 듯
절제된 맛을 지닌 각설탕 하나 녹인
따스한 커피 한 잔 홀짝이면
제아무리 눅눅해진 외로움도
술술 달콤하게 풀리고 만다

좀처럼 걸러지지 않는 생각들
턱을 넘지 못한 채 벽에 걸려 있을 때에도
그의 두터운 몸에 기대면
어느새 막힌 곳들이 풀리며
아무리 두툼한 페이지라도
지치지 않고 훌쩍 넘길 수 있다

서둘러 밖으로 뛰쳐나가고 싶을 때에도
금세 바닥이 나지 않는 시간과 놀며

천천히 천천히 숲을 거닐도록 어깨를 감싸듯
따스한 커피 향기를 건넨다
느리게 걷는 것이
빠르게 가는 것이라고 일러주는
네 영혼의 푸른 눈을 바라보는
저녁은 더없이 넉넉하다

렌즈를 닦으며

렌즈를 닦으며 슈베르트를 듣는다
사각사각 LP판 주름 골고루 만지는 바늘 따라
그의 피아노 3중주를 듣고 있으면
흐릿해져 있던 마음의 창
안개 걷히듯 맑아져 온다
변변한 피아노 한 대 없이
무릎 위에 기타 한 대 앉혀놓고
언 손으로 악보를 그려 나가도
세계는 활짝 열린다고
굵은 안경테 너머 슈베르트가 일러준다
변두리 빈방을 떠돌다 걸린
18세기 판 에이즈 매독도
활짝 편 마음의 날개 꺾지 못한다고
따스한 기타 소리로 겨울밤 녹인다

소니 알파350 데세랄
렌즈를 거즈로 닦는다
그렇게 안개 걷히면
잡동사니투성이 철거지 골목도 환해진다
곧 사라질 골목

영산홍 아래 봄볕을 쬐는 어른의 주름살도
협재 앞바다에 이는 파도처럼 따스해진다

렌즈의 눈으로 담은 제비꽃 한 송이
거리에는 화려한 옷들
요란한 디자인으로 치장한
물건들로 백화점 쇼윈도 넘치지만
제비꽃 수수한 미소를 이기지 못한다
멀쩡한 냉장고, 키 낮은 책상,
뚜껑 열기만 하면
따스한 김 피어오를 듯한 압력밥솥
폐기물 뒤엉켜 있는 철거 예정지
골목에 핀 제비꽃 한 송이
티 없는 미소 렌즈에 담는다

골목 안 풍경
뒤집을 때 비로소 제대로 보인다

배낭

한없이 두레박 줄 빨려 들어가던
시골집 뒷마당 우물이라도 되는 걸까
녀석은 한번도 제 깊이를 드러낸 적이 없다
오래 끼고 다닌 대학 노트를 닮아
귀퉁이가 망가진 노트북
제 손보다 더 두터운 참고서 몇 권
컴컴한 스터디 카페에 맡긴
수렁의 시간을 견뎌줄 주먹밥 한 덩이
찬 서리 내린 시월 저녁을 함께 견뎌줄
무릎담요 한 장
하루의 무게는 이렇듯 견디기 어렵다고
울룩불룩 붉어진 얼굴이 말해준다
바늘귀같이 작은 문
어디 있는지도 모른 채
뒤라곤 돌아보지 않고 가는 것이
단 하나의 목적인 듯
쉬지 않고 간다
마치 간식이라도 되는 듯
페이지를 넘길 때마다 활자들을 삼키며
오직 바늘귀를 향해 걸어온 길

비는 것 참을 수 없어
바겐세일 때면 필요한 무게보다
몇 배를 더 덤으로 챙기다
마침내 제 무게에 눌려
제자리에 발이 묶여버린 저녁

제 몸무게의 몇 배는 너끈히 되는
짐을 짊어진 채
히말라야 설산을 오르는 세르파 노인을 본다
무거운 짐이 벼랑을 오르게 한다는 듯
문득 가파른 설산에 겹쳐진
차마고도 외길을 걷는 낙타
저를 비움으로 고개를 넘듯
배낭은 뒤돌아보지 않고 제 길을 간다

2부

꿈에 그린

우키시마호, 항해는 끝나지 않았다

가을비 축축하게 그어 내리는 오후 다큐 영화 우키시마호를 본다. 일왕의 항복 방송과 함께 해방의 기쁨에 들떠서 아흐레 만에 부산행 수송선을 탔다가 8천명이나 되는 조선인들이 폭침으로 수장된 비극을 추적한 영화다. 70년 훌쩍 지나도록 왜 귀국선이 부산항 아닌 교토 앞바다로 갔는지 왜 두 동강이 났는지 미궁에 빠져 있단다. 수천의 고혼들이 잠들어 있는 수송선을 꺼내 육이오 때 대포로 만들어 팔면서도 유골 하나 수습하지 않았다는 대목에서 나도 모르게 눈시울이 팽팽해진다. 등줄기에 지렁이가 기어가듯 새겨진 매운 채찍 맞아가며 군용 비행장을 닦고 무너지는 갱도 등으로 견디며 석탄을 캐고 군복을 지어온 식민지 사람들에게 고향으로 돌아갈 귀국선은 사치였던가. 모른 체하는 전범의 후예들보다 겨레붙이의 억울한 죽음에 대해 쉬쉬하고 있는 우리 정부가 더 밉다. 폭약을 가득 실은 군 수송선에 배급마저 끊겨 생계가 막막해진 식민지 출신들을 떠밀어 넣으면서 도화선이 달린 폭탄은 왜 내리지 않았을까. 부드러운 미소 뒤에 칼을 숨긴 일본의 두 얼굴을 본다. 열세 살에 귀국선 탔다가 어머니, 누이와 생이별한 채 이국의 바다 앞에서 오열하는 소년의 깊게 패인 주름에서 나고야 제일가는 우산공장을 꾸리다가 집도 절도 버리고 귀국선을 탄 할아버지의 빈손을 떠올린다. 모든 것 버리고 돌아온 사람들에게 따스한 손 내밀기는커녕 전쟁으로 내몰던 검은 음모는 여전한가. 멀고 차가운 바다에 겨레붙이를 버려둔 채 햅쌀로 지은 저녁을 먹는 아침 문득 일생을 문밖에서 떠돌던 할아버지가 생각나 목에 걸린 밥알이 넘어가지 않는다. 엔딩 크레딧이 다 올라가고 나서도 자리를 뜰 수 없다.

티벳 시노래꾼

일요일 아침 OBS 티뷔 티벳, 세계의 지붕 프로그램을 보다가 눈이 확 트이는 대목을 만났다. 히말라야가 바로 마당이어서 절반밖에 안 되는 희박한 산소를 마시고, 풀 한 포기 제대로 자라지 않는 사막에서 양 치는 청년 시노래꾼에게서 눈을 뗄 수가 없다. 숨쉬기조차 어려울 텐데 그는 이 척박한 땅에 사막보리 씨를 뿌리고 외적을 물리친 거싸알 왕의 전설을 한순간도 머뭇거림 없이 두 시간씩이나 읊어댄다. 하늘 가까운 산에서 양떼를 모느라 한 군데도 성한 데라곤 없이 거칠어진 손, 까맣게 탄 얼굴 어디에도 시인은 안 보이는데 두 시간을 꼬박 히말라야 빙하가 흐르듯 시노래를 부른다. 그의 시를 들으며 사막보리는 알이 배고, 염소들은 혹한 속에서도 퉁퉁 젖을 불린다. 그의 까맣게 탄 입술은 때로는 사막유채꽃 미소처럼 부드러워졌다가 때로는 눈보라를 만난 깎아지른 바위처럼 카랑카랑해진다. 먼 사막을 여행하다 거싸왈 왕의 또 다른 행적을 들으면 시노래는 자꾸 늘어난단다. 눈이 밝아서 몇 십리쯤은 거뜬히 본다는 티벳 청년의 시노래 무딘 가슴에 깊게 쟁기질을 해댄다. 그럴듯하게 말을 비비꼬고 작은 말과 말 달콤하게 꿰고 별 하나 지는 걸 보며 마음을 베이는 게 시가 아니라고 귀띔해준다. 나만의 작은 울타리 넘어 온몸으로 얼음의 도가니를 뎁히는 일이라고, 작은 사막보리 한 알도 이웃과 골고루 나누며 함께 살아가는 일이라고 티벳 청년 시노래꾼 부르튼 입술 부비며 내 흐린 눈 맑게 닦아준다. 첩첩한 벽 너머 활짝 트인 벌판이 비로소 보인다.

콜트 기타를 만지며

배가 탄탄하게 부른 콜트 기타로
세고비아의 알함브라 궁전의 추억을 듣는 동안
채석강에 파도는 아낌없이 몸을 던졌다가
상처 하나 남기지 않고 물러간다

불룩한 나뭇결을 더듬는 선율 따라
저녁놀 타는 바다로 갔다가
다시 돌아와 하얀 치아를 만지며
주상절리를 곧게 타고 내린다

두툼한 촛불을 켜 들듯
설 앞두고 목화솜 같은 눈 내린 밤
성냥팔이 소녀는 불 꺼진 창들을
밤새 두드리며 헤매어 다니고

문득 기타 두툼한 선율을 타고
안단테 안단테 흔들리는 촛불 너머
언 발을 구르며 기다리는 사람들이 있다

채석강 켜켜이 쌓인 치아에

저녁놀 져다 붓는 파도 같은 촛불 뒤에 숨은
상처 성성한 손들을 본다
하얀 치아를 드러낸 음표 사이로
마호가니 선연히 찢기는 상처를 딛고
층층이 딛고 합쳐지는 화음 비로소
탄생하는 밤

알함브라 궁전 창 너머
청춘을 짓이기며 밤을 낮으로 바꾼 누이들
베니어합판 잘라 통기타 부른 배를 빚던 친구들

일자리를 빼앗긴 채 거리에 놓여도
잡아주는 손들 어디에 숨어 있는지
변변하게 주소를 아는 사람은 없다

따스한 음표 기타 줄에 실으며
공장에 따스한 불빛을 걸다가
열 손가락 넘게 엄동의 설을 보내고서도
일터로 돌아가지 못한 사람들
일터로 돌아가 콜트 기타를 만지며
배가 탄탄하게 부른 콜트 기타로
세고비아의 알함브라 궁전의 추억을 듣는 동안
채석강에 파도는 아낌없이 몸을 던졌다가
상처 하나 남기지 않고 물러간다

꿈에 그린 1

이제 더 이상 파라다이스는 남태평양 외딴 섬이나 두툼한 성경 귀가 해진 페이지에 있지 않다. 삼촌이 사는 아파트 단지로 가는 상가 앞을 지나다 보면 꿈에 그린 요양원이라는 간판이 시야로 들어온다. 몇 걸음 더 가면 건너편에 꿈에 그린 부동산 간판이 울긋불긋 볼록체로 새겨져 있다. 요양원 앞에 세워진 앰뷸런스에서 휠체어 한 대 문을 들어가는 게 보인다. 입춘을 앞두고 한껏 차가워진 바람이 쏴 하고 참깨를 털듯 쏟아진다. 문득 요양원에 들어간 사람들에게 돌아다니지 못하도록 손발을 묶어놓은 끈을 풀고 몽유병자처럼 불씨를 든 채 복도를 떠도는 모습이 떠올라 소스라친다. 저런 게 꿈에 그린 풍경이 아닌데 하는 생각에 차가운 소름이 스물스물 돋는다.

동인천역 부근 배다리 헌책방 거리에서 마주친 거인 같은 건물 외벽이 기억의 난간에서 불쑥 솟아오른다. 키 작은 옛집에 차려진 헌책방마다 귀가 해진 책들이 겨울 볕을 쬐려고 저마다 고개를 내밀고 있는데, 한 걸음 비켜선 곳에 있는 이 건물만은 찬바람 거뜬히 막아준다는 듯 창이 모두 닫혀 있었다. 그나마 1층에는 김이 무럭무럭 나는 김밥나라와 파릇파릇 새싹보리가 자라는 한식 보리밥집 문을 열어놓고 있었다. 그 위층에 문을 잠근 아가페 요양원과 미래간호요양원부터는 왠지 관사를 떼어내야 한다는 생각이 들었다. 이곳에는 아가페적인 사랑과 미래는 거리가 멀어 보였다.

바로 위층에는 참이웃교회가 몇 백 평쯤은 되는 층 넓게 쓰고 있지만 왠지 참이웃들은 모이지 않을 것 같다는 생각이 조마조마하다. 그 바로 위층에 자리 잡은 불한증막 사우나에서 쏟아지는 뜨거운 김이 배다리로 가는 길 뽀얗게 가리고 있는 것이다. 한쪽에 붙은 산소방에서 희미하게 분출되는 산소로는 내뿜는 이산화탄소를 막을 수 없을 것 같다.

옥상에 가까운 프라임 스터디 카페는 코로나 19로 언제 문을 활짝 열지 감감무소식이다. 9급공무원 시험 날짜 저벅저벅 다가오는데, 아이들의 꿈에 날개를 달아주기는 어려울 것 같다.

꿈에 그린 2

안양천변에 자리 잡은 아파트 앞에 붙는 전치사 꿈에그린
아파트 이름을 택배 아저씨에게 불러줄 때마다
뒷머리가 간지러워 긁적거리게 된다
장마가 한창일 때 만삭의 임부처럼 부풀어
터질 듯한 둑을 보는 것도 그렇지만
탄탄하지 않은 방수로 지하실에서 물이 줄줄 새는 걸 보면
기울어진 탑을 볼 때처럼 불안하다
아파트 단지 앞에 들어선
꿈에그린 요양원 알록달록한 간판을 보면
누군가 매몰차게 뿌리치는 손이 생각나 섬뜩해진다

주말이면 차로 달려 인천 배다리 헌책방 거리에 간다
대형 서점이며 온라인 서점에 산처럼 쌓인
만화책이며 타임 킬링용 소설들에 떠밀려
인천 앞바다까지 왔다

뒤집힌 세계를 바로 보여주는
책 한 권 목마르게 찾는다
요즈음은 코로나 19의 창궐로
배다리를 찾는 발걸음이 뚝 줄어든 요즘

책 찾기에 지친 눈
파란 하늘 찾다가
키 작은 집들 제치고 우뚝 선
빌딩 한 채에 눈길이 머문다

주택 재정비 조합 간파 뒤로 녹물이 배인
건물 1층에 들어선 헤어샵
여자들이 화려한 외출을 준비하는 곳 아니라고 말해준다
바로 위층에 들어선 행복한 요양원
행복하지 않다고 귀띔해 주는 것 같다

그 위를 다시 누르고 들어선
미래 간호요양원과 참이웃교회
더 이상 세상에는 참사랑이 남아 있지 않다고 말해준다
6층에 들어선 보석 불가마에는 보석이라곤 없고
맨 위층 프리미엄 스터디 카페에서는
월세방 마련하지 못한 공시생들이
차가운 가을밤을 담요 한 장으로 감싸고 견딘다

건들장마가 흩뿌린 빗물로
흐린 얼굴을 닦느라 여념이 없는 간판들
세상은 늘 뱉은 말과 반대로 간다고
비틀거리는 가을비 빌어 능청스럽게 떠든다

달콤한 벨 너머

요즈음 들어 뜬금없이
얼굴 모르는 여인과 전화를 하는 일이 잦아졌다
5분만 시간을 내줄 수 없겠느냐
지난번 예약해둔 약속 기억하고 계시죠
수화기 너머에서 들려오는 유혹에
마음을 빼앗아 갈 뻔하다가
문득 수렁에 빠진 느낌 땜에
나도 모르게 통화 끊기 버튼을 누른 게
한두 번이 아니다

그 달콤한 목소리의 출처
구로동에 자리 잡은 전화 상담실이라는 걸
오늘 비로소 알았다.
더 여력이 없어서
짜릿한 유혹에도 끊었던 그 전화

한푼 두푼 쌓인 마일리지로
얼마든지 멋진 선물을 살 수 있다는
솔깃한 목소리의 주인공들
달콤한 목소리에 어울리지 않게

비좁은 닭장 같은 방에 모여
진종일 전화번호 누르고 있었단다
변변한 환기구 하나 없는 방에서
더운 공기를 나눠 마시고 있었단다

한번이라도 따스한 말로 대답해 줄걸
바쁘다는 핑계로
끊었던 그 전화 한 통화에
밀린 집세며 아이들의 등록금이 걸려 있었다니…

수십 명의 목숨을 빼앗아갈지도 모르는
바이러스의 온상이
전화 한 통화에 생을 건 사람들이 모인 콜센터라는
진단에 나는 동의하지 않는다
내 앞에 놓인 밥그릇밖에 모르는
출구 모르는 욕망
그 여린 사람들을 바이러스의 온상으로 내몬 것 같아
집으로 돌아가는 발걸음이 무겁다

불일암 가는 길

노고단 철쭉 보러 가는 길에
법정이 머물던 불일암을 찾아간다
소나무 숲속에 난 외줄기
벼랑길에 걸쳐진 길을 따라
고승을 만나러 가던 기억이 새롭다
초여름인데도 땀 서 말 흘리며
부처님 이마만큼 펼쳐진
암자 마당에 섰더니
정작 죽은 나무를 얼키설키 엮어 만든 의자
대나무를 잇대어 만든 목간통 들이
길손을 수줍게 반기며
서방정토로 가는 길 멀지 않다고 말해주었다

법정의 텅 빈 집을 찾아가는 길
빽빽한 숲속에 걸린 외줄기 길 사라지고
나무를 베어내고 낸 넓은 길이 반긴다
땀 한 방울 흘리지 않고
오리가 넘는 불일암 길을 오를 수 있단다
그런데 왠지 발걸음이 편하지가 않다
늙은 소나무를 쑥쑥 베어내고 넓힌 길

시주를 드리러 왔다는 말에
자동차도 제지 없이 올라가며
먼지를 자욱하게 일으키며 달리지만
속도를 높인 찻길에 밀려
사람이 오르는 길
길 바깥으로 밀리며 더욱 좁아졌다

절마당을 갈라 박물관을 세우고
아래가 까마득한 해우소 헐고
편리한 수세식 화장실이 들어서던 날
법정이 불일암을 비우고 떠나
끝내 돌아오지 않았다던가
급하게 치닫는 속도가
정토로 가는 길 더욱 더디게 만든다
나만 빠르게 달리도록 놓는 길이
이웃이 가야 할 길을
암벽처럼 막고 있는 게 비로소 보인다
불일암으로 가던 길을 돌려
집으로 돌아오는 길
땅거미가 온몸을 납작 엎드리며 포위해 온다
좀 느릿느릿 걸어도 좋다고
보이지 않는 손 따스하게 얹는다

미황사 숨은 길

화장기 없는 미인 하나
티 없이 파란 바다 바라고 서 있다
달마산 훤한 이마에 씻긴
파란 하늘 들어올리며
굿굿이 고개 쳐든 바위들
시간은 으뜸가는 세공사라고 묵묵히 말해준다

석양빛 비껴드는 저물녘
백 년이 넘도록 분칠한 적 없는
미황사 대웅전 부푼 기둥
수채화로 옮길 수 없는 잿빛
동백 향기 한 올 삼킨다

양옆으로 울긋불긋 단청 새로 바른
절집들 즐비하지만
시간을 삼킨 단청 다 바래어
삭발한 젊은 비구니 가사 빛
낡은 기둥에 기대어 서면
가야금 명인 황병기의 침향무 소리
파란 하늘 몇 뼘 더 들어올린다

꽃 진 자리에
더욱 멀리 가는 향기 싣는
미황사 동백 숲 터널 헤치면
100년 넘게 꾸미지 않고 살아온
맑은 얼굴 보여주는 절집 한 채
아름다움은 남에게 보여주는 게 아닌
스스로 저를 비우는 것이라고
남해로 가는 바람에 향기 한 올 얹는다

마포 포구

신촌이 멀지 않은 6호선 광흥창역에 내려
옛 구화학교가 있던 자리를 찾아간다
마포 포구가 그리 멀지 않은
구수동 구불구불 이어진 골목
낮은 담장 너머로 보이는 빨래,
건어물 말리는 채반에 고인
햇살이 정겹다
서울에서 이런 동네가 아직 남아 있었다니
좁은 골목 곳곳 얼굴 내민
낮은 처마들 구수하게 얘기를 나누는 것 같다

그런 구수동 한구석에 자리 잡은
구화학교 터에 서면
비록 언어는 잃었지만
맑은 눈빛으로 다가오던 친구들 모습
양짓발에 핀 파란 수련처럼 다가온다
개발 붐에 등 떠밀려
속엣말 시원하게 뱉어낼 수 없던 친구들
곰보처럼 얽은 책상 든 채
외곽으로 이사가야 했지만

구수동 구불구불한 골목에는
아쉬운 봄볕 여전히 찰랑거리고 있다

구화학교 헐린 자리
좁은 땅이 제값 이상 받아내느라
반듯한 상자 켜켜이 포개놓은 듯한
연립주택들 어깨를 맞대고 있다
그나마 남은 공터에
엉덩이를 들이미느라 바쁜 자동차들
사람살이가 뭔지 캐묻고 있다

안양천 개미길

10월의 끝자락 안양천변을 걷는다
은행나무들이 가을의 수확을 널리 나누려는 듯
열매들을 발부리 아래 수북이 쌓아 놓지만
발품 곧잘 파는 사람들 한 부대씩 주워가고도
구두코 피해 가기 어렵게 산책길에 나뒹군다
살 만큼 사는 비산동 사람들은
더 이상 은행을 줍지 않는다
며칠 안 되어 길바닥 곳곳에
산책 나온 사람들에게 짓밟힌 은행 열매들
고약한 냄새를 풍기며 드러누워 있다
청소부들마저 손이 바빠 버려두는데
무언가 온 힘을 다해
으깨어진 열매를 옮기고 있는 것을 본다
허리가 유난히 긴 일개미 한 마리,
제 몸집보다 백배는 됨직한 은행 과육을
두렵지도 않은 듯 천천히 등에 진 채 옮기고 있다
구둣발로 무심코 밟으려다가
섬찟 놀라 일개미 길에서 발을 뗀다
겨울 채비를 하는 건 저렇게 힘들구나
뭉클한 생각이 저릿하게 가슴에 고압 전류를 흘려

일개미가 풀숲 속 집으로 무사하게 갈 때까지
흐린 눈을 떼지 못했다

얼마 안 되는 퇴직금
제로 금리 가까운 은행에서 빼내어
외국계 무보장 선물 상품에 투자했다가
한푼도 못 건질 처지에 놓인 친구
그늘 짙은 얼굴을 겹쳐 본다
세상에 일하지 않고 거저 얻는 건 없다고
다시 겨울 준비에 나서는 일개미
곧고 가느다란 허리가 말해준다

여인숙이 있는 골목

동인천 배다리 헌책방 거리에 들러
책의 홍수 속에서 허우적거리다
문득 뒤쪽 골목으로 눈길을 돌렸는데
진도 여인숙이라는 간판이 눈에 밟힌다

차가운 가을바람에 덜컹거리는 빨간 아크릴 글씨,
녹슨 창살 위에 스펀지를 이룬 먼지,
곰보처럼 군데군데 패인 외벽 앞에 서니
누군가 따스한 손 와락 잡아끄는 것 같다

서울 가는 완행열차 시간
늘어진 피지마 고무줄처럼 후줄근하게 남았을 때
지친 몸을 뜨끈하게 눕히던
송정리역 앞 여인숙의 흐린 기억
사랑니 앓는 것처럼 생생하게 되살아난다

삐걱거리는 문 불쑥 밀고 들어가
제법 쌀쌀한 한가위 전야 바람에
얼얼해진 몸 눕히고 싶다
인천 앞바다에서 떠밀려오는 노을

흩뿌리며 덜컹거리는 빨간 아크릴 간판
수줍은 듯 종이로 빚은 꽃 하나 내놓은 채
체온을 조금이라도 더 지켜주려는 듯
꼭 닫힌 키 작은 창문
지친 몸 녹인 다음
찬바람 헤치며 가던 길 마저 가라고
따스하게 감싸준다

네온 불빛 화려하게 반짝이며
하늘에 닿을 듯 솟은 호텔
반짝거리는 세단들 뒤태 감추느라 바쁜
모텔들은 도저히 흉내 낼 수 없는
따뜻한 손을 진도 여인숙은 갖고 있다
큰 서점에서는 진즉 철거된 추억을 담은
시집 한 권 배다리 헌책방에서 사들고
진도 여인숙 홍등 아래서 읽는다
낯선 도시의 빌딩 사이를 휘몰아치는
회오리바람에 떠밀려 잃어버렸던
청춘의 꿈 하나 되찾아
다시 맨주먹을 슬며시 쥔다

태평동 고갯길

이제 창 옆 은행나무에 앉아 재잘대는
새 소리에 잠을 설치지 않아도 된다는 듯
새벽부터 지축을 흔드는
재건축 공사장 쇠파이프 박는 소리…

모란역 넘어 태평동 골목 접어들면
아파트들 밀집해 있는 서울을 벗어나
도란도란 처마를 잇댄 낮은 집들
창틀 넘어 흘러나오던 라디오 소리
비좁은 땅을 조금이라도 더 넓게 쓰려는 듯
옥상에 내건 줄에 걸려 흔들리는 빨래들
고향 집에 돌아온 듯
울렁거리던 속이 가라앉혀 준다

태평동 골목에 찬 바람이 불고 있다
어깨를 맞대고 선 집들에서
하나같이 흘러간 노래 들으며
미싱을 돌려 양말이며 옷들을 만들어
전국으로 팔려나가던 제품집들
골목골목 군침 도는 맛 나누던 떡방앗간들

속속 헐려나간 자리에 하늘을 씨를 듯
아파트숲이 세워지고 있다

서울 청계천 일대가 재개발로 뜯기면서
쫓겨온 철거민들 얼기설기 벽돌집을 짓고
미싱을 돌리며 식구들의 입을 채우고
학교에 보내느라 시간이 가는 줄 몰랐더니
키가 하늘에 닿는 아파트들 들어서면서
뿌리내리고 살던 철거민들
재개발 분양대금을 마련하지 못해
다시 분당 너머 변방으로 밀려나는 걸 보면
남의 일 같지 않아 눈시울이 뜨거워진다

굳게 닫힌 아파트 문밖으로
더 이상 재봉틀 밟는 소리
떡고물 빻는 소리 들려오지 않고
구멍가게 사라지면서 물건 값만 치솟았다
사람 사는 동네 아니라
입주만으로 두세 배가 오르는
로또 복권을 파는 것 같아
낮아진 하늘로 돌팔매를 날려본다
마음 푸근하게 신구대학 강의하러 가던 태평동 골목길
아파트숲으로 바뀌면서
길 잃은 철새들 울음소리만 더욱 커졌다

샴쌍둥이 향나무

군포보건소에서 우회전하여 수리산으로 통하는
산복도로를 따라 걷다가
눈길이 마주친 나무에서 눈을 떼지 못한다
꽃샘추위를 뿌리치고
연초록 기특한 꽃을 피운 산수유나
눈부시게 하얀 목을 자랑하는 목련이 아닌
키 작은 향나무에서 눈을 뗄 수가 없다
큰 둥치 한쪽이 하얗게 바래
다 죽었구나 했더니
죽은 둥치 뒤편에 초록빛 줄기
풍성한 머리라도 된 듯 숨어 있다
어린 팔을 들어 올린 듯 뻗은 가지에서
연방 새순이 돋아나고 있다

죽은 줄기와 산줄기가 동거하는 모습이
마치 등이 붙은 샴쌍둥이가
서로를 위하며 커가는 것 같다
살아 있는 둥치에서 새 가지가 돋아나
초록 잎들이 파란 하늘을 들어 올리는 모습
한배에서 태어난 형제들이

각기 제 길로 치닫지 않으면서
제 앞에 놓는 밥그릇 치우고
마음껏 꿈을 펼치라고
그릇째 이밥을 서로 밀어주는 것 같다

어딘지 허전한 나의 옆구리를 만지며
보이지 않는 누군가
비원을 담은 채
나의 반쪽을 밀고 있는 걸 본다
누군가 가슴 깊은 속에 간수한 말
자신은 끝내 한마디도 못 한 채
내 몇 줄의 시가 스피커 되어
등 돌린 사람들의 귀에 꽝꽝 심어주라고
피멍 든 그리운 눈으로 말한다

비록 물 한 모금 올리지 못하는 반신불수지만
풍성한 초록 피운 다른 반쪽을
벗겨진 등으로 든든하게 지고 있는 늙은 향나무
세상은 서로를 내주며 함께 살아가는 것이라고
파란 하늘 넉넉하게 들어 올리고 있는 걸 본다

보이지 않는 팔 높이 들어
갈 길이 막힌 친구의 비원 하나
넉넉하게 받아든다

천사의 나팔

파리한 목선을 건드리기만 하면
금세 울음소리가 들릴 듯한
누이를 닮아 깜찍한 나팔꽃만 생각했더니

높은 의자들 고스란히 옮겨놓은
대통령 집무실로 가는 길에 핀
외래종 나팔꽃
파리한 분청빛 대신
금싸라기를 뿌린 듯 화려한 꽃이
군악대의 튜바처럼 도열해 있었다

나랏님의 귀에 쏙쏙 들리는
경쾌한 나팔 소리 들릴 것 같아
귀를 가까이 대 보았지만
성대를 잃은 듯 아무 소리도 들리지 않았다

농부들 땀 흘린 뒤 쉬던 집 빼앗아
삼김시대까지 대통령 여름 별장으로 쓰이던
대청호반 청남대에서나 볼 수 있던
목이 긴 천사의 나팔

이제 웬만한 아파트 화단에도 흔하다

시원한 소리 한번 내지 못하는
천사의 나팔을 보며
겉으로 큰 신문고며 마이크 내놓았지만
높은 벽 뒤에 숨어
꽝꽝 귀 닫은 나랏님을 떠올린다

아파트 화단을 차지한 채
버거운 꽃대 축 늘어뜨린 천사의 나팔
한번쯤은 목젖 너머
숨겨둔 목소리 한번 내라고
정든 집 빼앗긴 채
낯선 산번지에서 빗소리 긋는
철거민의 울음 몇 줄기 얹는다
잃어버린 목소리 찾으라고
시원한 솔바람 한 줄기 꽃술에 싣는다

3부

은밀한 초대

육탈

안양천 여윈 물에 안긴 저녁놀
따스하게 익는 가을
은행나무들이 서둘러 무거운 옷 벗고 있다
두툼한 체중을 견디지 못한 채
지상으로 낙하하는 은행 알들을 감싸고 있다
은행잎을 밟을 때마다
으깨어진 은행 알 냄새
자동차 매연 냄새쯤은 거뜬하게 몰아낸다

장수하늘소며 개미들에게는
다시 없는 수확의 계절이다
장수하늘소 톱날 같은 발로
은행 알 자르기에 여념이 없고
일개미들은 사람들이 밟아서 으깨어진
제 몸집의 열 배가 넘는 은행 육괴를
시장 짐꾼처럼 거뜬하게 옮긴다

그렇게 은행나무 열매가 육탈하는 동안
사람들은 멀찌감치 피해 다녔더니
손톱보다 작은 은행 알들

가을바람에 떠밀려
슬글슬금 잡풀 속에 숨고
흙먼지에 덮여 흙 속으로 파고든다

그렇게 긴 겨울을 견디다가
봄이면 노란 새싹으로 되살아난다
육탈한 은행 알들
아낌없이 버리는 것이
새로운 탄생의 비결이라고 묵묵히 귀띔한다

교동도 해무

와락 오지랖 열어젖힌 물안개 속으로
모처럼 새 옷으로 갈아입은
봄 풍경들이 묻혀 들어가고 있다

언 땅 깨고 여린 두 팔 들어올리고 있던
팥배나무 순백의 싹들도
제비가 찾아낸 하늘길도 묻히고
인적 끊긴 교동 나루에 엎드린 민가들
바다 건너 접적 마을 전시용 가옥들
수묵화 가장자리라도 되는 듯
묽게 번지고 있다

지척에 고향을 두고도 가지 못하는 사람들
가슴 가득 역류하는 슬픔을
모른 체하며
북쪽 연백 시장을 그대로 옮겨서 지은
대룡시장 낮은 처마들에는
객지 맛 자아내는 사람들로 붐빈다
쌀 한 톨 구할 수 없어서
한 그릇을 열로 나누었다는

팥죽 한 그릇
별미로 비우고 일어서면
따뜻하게 타던 황금색 저녁놀…
오늘은 그나마 검푸른 해무
큰 품속으로 서둘러 빠져들고 있다

경계 없는 바다에 그어 놓은
금단의 선
부질없는 일이라는 듯
안개 이불로 따뜻하게 감싼 저녁

집으로 돌아갈 길
소실점을 만난 듯 지워져도
하나도 두렵지 않아
수묵화 속 한 자리를 찾아
느긋하게 발걸음을 옮긴다

밀림 저 너머
-나해철에게

너는 숭어떼 뛰노는 영산포에서 올라오고
나는 전쟁의 소용돌이를 피해
장성 갈재를 넘어온 애비의 손을 잡고
기차 고동 소리에 잠을 깨어
송정리에서 맨주먹으로 눈 비비며 만났지

높은 장벽 둘러쳐진 광주비행장 아래
씩씩거리는 전투기 소리 땜에
영혼의 모음 알아들을 수 없을 때
시를 쓰면서 늘 탈출을 꿈꾸었지

아버지의 땅을 등진 탈출 끝에
낯선 서울에 둥지 튼 지 서른 해
볼펜 한 자루에 기대어
발이 왼지 붙지 않는 이방의 시간을
견딘 건 순전히 고향에 대한 그리움이었다
돈과 권력을 넘어
언제나 따스한 손 내미는 친구들 덕분이었다

누구는 네게서 압구정 화려하고 높은 벽을 보지만
나는 그 벽을 넘어
어렵고 힘든 사람들에게는
언제나 호주머니를 털어 따스한 저녁을 사고
아픔을 기꺼이 함께 앓는 청년 의사를 본다
꼬박 긴 밤을 건너
볼펜 끝에서 새벽을 밝히는 시인을 본다

땀으로 새겨 쓴 몇 편의 시 뒤에
겨우 작은 사람의 숲 이룬 시간
더 이상 외로움은 없을 것 같은데
나는 그 눈이 맑은 시인을 찾고 있었다
인왕으로 가는 거대한 물결 속에서
우리가 다시 손을 잡았듯
고향 송정리의 숨은 얼굴을 읽어줄
서울로 가는 석탄 열차 속에서
함께 꿈을 캐던 소년을 찾고 있었다

다시 서울의 저 냉혹한 얼굴을 넘어
제 앞에 보석을 놓는
어리석음을 넘어
지치지 않고 깨끗한 새벽을 맞는 시 쓰며
함께 짐승의 시간을 견딜
그리운 얼굴을 찾고 있었다

식은 인쇄밥을 삼키며
-조태일 시인 영전에

질금질금 는개 내려 가물가물해진 기억의 강을 더듬어 올라간다. 갓 스물둘에 시인 명함을 받아들고 오장동 중부시장 골목 안 시인사를 찾던 날의 기억 아직도 판화를 새기듯 또렷하다. 서울의 출판사에서 펜대를 굴릴 거라는 부푼 꿈 잔뜩 안은 채 잠도 잊은 채 밤기차를 타고 올라왔다. 다산 연구가 박석무 선생의 친필 소개장까지 내밀며 출판사에 자리 하나 마련해 주기 바라는 신출내기 시인을 앞에 한 죽형 선생은 내가 뜨끈한 설렁탕을 뚝딱 비우자 한마디 툭 던졌다. 책을 만들려면 종이에 글자 먹이는 법부터 알아야 하니 오늘부터 활자부터 뽑아보게 하며 대뜸 납 냄새 스물스물 피어오르는 지하 인쇄소로 내려보냈다.

그 가을 추석 명절이 박두하기까지 겨우겨우 삼킨 검고 거친 인쇄밥은 좀처럼 목을 넘어가지 않았다. 싱그러운 종이 냄새 맡으며 볼펜 굴려가며 교정쇄를 만지리라던 꿈 금세 새까만 납 가루로 검게 칠해졌다. 지하에 들어가 납 활자를 뽑기 시작한 지 보름이나 되었을까. 그해 늦은 추석이 낼모레로 다가오자 그는 귀향 열차표마저 구하지 못한 내게 다시 뜨끈한 술국을 산 뒤에 임시 귀성표라도 사라며 얼마

간의 선불금을 쥐어주었다. 세상에 던져지고 난 뒤 처음으로 쥐어보는 돈이었다. 용산역 앞에서 겨우 암표 한 장 사들고 임시 귀성버스 덜컹거리는 창에 기대어 피난민처럼 남쪽 고향으로 돌아오며 보송보송 갓 시인이 된 내게 거칠고 차가운 인쇄밥을 먹인 그가 얼마나 야속했는지 모른다.

몇 년 뒤 5월 전남도청 앞 분수대에 서서 마이크를 잡았다가 강의실을 빼앗긴 뒤 다시 서울에 올라왔다. 가까스로 전예원 출판사 편집부 말석을 얻어 교정쇄를 들고 거래처인 마포 창제인쇄소를 찾았다. 이번에는 지하 조판실로 통하는 입구에도 얼키설키 판자로 만든 뚜껑 아닌 탄탄한 계단이 붙어 있었다. 죽형 선생은 그때 왜 사표도 내지 않은 채 달아났느냐고 묻는 대신 달달한 커피 한 잔을 내주었다. 겨울날을 녹이며 피어오르는 김 너머에서 어디서 귀띔했는지 출판사건 잡지사건 한 군데 진득하게 붙어 있어야 한다, 월급 몇 푼 더 준다고 불나방처럼 옮겨 다니면 객지에 발붙이기 어렵다고 넌지시 일러 주었다. 그렇듯 그는 따스한 가슴속 말 삼킨 채 내게 언제나 견디기 힘든 일 곧이곧대로 따르기 힘든 말을 건넸다. 그를 만나고 온 날은 얼음 도가니에 든 것처럼 머리끝까지 맑게 깨였다.

광주에서 대학에 몸담고 있으면서 서울 마포 민족문학작가회의 사무실로 매주 출근하던 시절에도 두터운 품을 찾아오는 후배들에게 그는 언제나 따스한 술국을 사주며 차가운 겨울을 지치지 말고 건너가라고 어깨를 토닥여 주었다. 그렇게 넓은 품을 내주면서도 정작 동향에 같은 중학교 교문을 나온 내게는 따스한 말보다는 시인이란 먼저 제가 설 자리를 잘 알고 지켜야 한다며 따가운 말부터 한 보따리 안겨 주었다. 가시 성성한 그의 말을 곱씹으며 일터로 돌아와 밤늦게까지 밀린 기사를 쓰던 기억이 빗살무늬처럼 남아 있다.

울울한 가시 속에 숨은 한 송이 순결한 흰 탱자꽃 같은 뜻 몇 년 뒤 그의 유택이 있는 태안사에 와서야 비로소 되새길 수 있었다. 서울이라는 아수라에서 발붙이고 살려면 겉보기가 화려한 일보다는 궂은일 마다하지 말고 견뎌야 한다고 때 묻은 돈 따위에 끌려다니지 말고 정신의 부표 꼿꼿이 지켜가야 한다고 영정 속 인자한 미소가 귀띔해 주었다. 궁벽한 곡성 태안사에서 태어나 들불야학의 터전이었던 광주 변두리 광천동을 거쳐 서울 마포까지 더듬어 온 길이 나의 궤적과 똑 닮아 있었다.

늘 큰 손으로 넘치게 술을 따라주던 사람 늘 너털웃음으로 어려운 일 넘기던 사람. 한 사람의 손아귀에 쥔 힘으로 햇빛이라곤 한 자락도 들지 않게 내일의 창이 가려졌을 때 고향인 광주가 제 에미애비에게 등 돌린 군인들에게 핏빛으로 짓밟혔을 때 거짓의 책을 던진 채 두려움 없이 일어섰던 단단한 정신의 선지자!

아수라의 갈 건너가려면 먼저 나를 똑바로 세워야 한다는 묵음 부호 속 숨은 말 되새기며 거친 파도 앞에서 흐트러진 방향타를 바로잡는다. 그럴듯한 말 의미를 종잡을 수 없는 허사라곤 던지고 속에 맑은 꽃 한 송이 간직한 울울한 가시나무 건네던 그가 서 있던 자리가 휑하다. 그가 미처 다하지 못한 말 판화를 새기듯 가슴에 안은 채 누구도 열지 않은 첫 새벽 같은 언어의 광맥을 찾아 이슬 젖은 숲길을 헤쳐나간다. 묵음 부호 속 그의 말 하나씩 풀어헤치며 가시덤불에 던져진 미명의 길 한 가닥 두렵지 않게 열어젖힌다.

금산사 왕벚나무

김제 만경 벌 건너 신라 땅까지
숙적은 용케도 잘 피해 다니다가
얄궂게도 권좌에 눈이 어두워
제 아들이 던진 올가미에 걸렸다던가
견훤이 번지는 등창을 견디며 갇혀 있던
금산사 미륵전 앞에 선다

채 펼쳐지지 못한 백제 재건의 꿈
결코 접을 수 없다는 듯
허공 높이 솟은 미륵전 천정 대들보에
날개를 활짝 펼친 비천상飛天像
가장 큰 적은 내 안에 있다고 일러준다

흉흉한 대설주의보를 앞두고
꽁꽁 얼어붙은 수각水閣 지키고 서 있는
육백 살 먹은 왕벚나무를 본다
두 팔을 내뻗어도 닿지 않는 둥치의 나무
허리를 잘린 채 서 있다

세월의 차갑고 잔인한 칼

비켜 갈 묘책은 세상에 없구나 했는데
동상이라도 걸릴 듯
시리게 드러난 발부리에서
한파를 이기며 작은 줄기들이
파릇파릇 올라오고 있다
반신을 기꺼이 죽음의 신에게 내주면서
남은 반쪽에 새 물길을 내어
모진 겨울을 이기고
새봄을 맞을 준비에 절치부심이다

견훤이 절명을 두려워하지 않으면서
백제의 꿈은 가슴에서 가슴으로 옮겨붙을 것이라고
칼 앞에서 힘주어 말했듯
늙은 왕벚나무 한 그루
꽃은 거저 피는 게 아니라고 말해준다
죽이는 것도 내 안에
살리는 것도 내 안에 있다고
죽은 반쪽으로 동지섣달 칼바람 막으며
다른 한쪽에서 무구한 싹을 틔운다

얼음의 도가니에 무릎을 담그면서도
언 땅 깊이 감춘 뿌리에
슬그머니 온기 간수한 왕벚나무 덕분에
한겨울에도 수각은 흐르기를 멈추지 않는다

따스한 김 피어오르는 물 한 모금으로
살을 에는 겨울바람 저만치 뿌리치며
깨끗한 봄을 예감한다

은밀한 초대

선택된 사람들밖에는 모르게
갇힌 세상을 부수자며
은밀하게 열쇠 번호를 나누는 파티들
휘발성 액체에 성냥 긋듯 번지고 있다

윤기 좌르르 흐르는 피부,
퉁퉁 튀기는 근육을 자랑하는 친구들
몇 달째 이어지는 거리 두기의 금기선 넘어
문 닫은 지하 카페를 빌려
독한 양주와 화려한 춤을 엮은
광란의 코로나 파티를 즐기고 있다
그깟 바이러스쯤은 얼마든지 깔아뭉갤 수 있다고
뒤엉켜 마시면서 밀착해 간다

다 멀쩡한 채 제자리로 돌아가고
한 사람쯤은 제비뽑기하듯
코로나에 걸려도 문제없다고
까만 밤 환락으로 채운다

이 은밀하고 짜릿한 파티를 보며

톰 크루즈가 주인공으로 나오는 영화
아이즈 와이드 샷 속 가면무도회를 떠올린다
매음굴에 모여 술에 탄 마약을 마시고
가면을 벗지 않은 채 낯 모르는 상대와
어둠 속에서 벌이는 짜릿한 정사
누가 이 황홀을 방해할 수 있을까

돈과 권력을 거머쥔 한 주먹의 사람들에게
짜릿한 환각을 안기는 마약
검은 손에 실려 빈민굴로 흘러가며
어렵사리 파트타임 일자리를 얻은 흑인들
그마저도 흐늘거리는 손가락 사이로 흘린 채
마침내 죽음의 나락으로 떨어지는
벽 뒤에 숨은 눈들

사이키 조명 핑핑 돌아가는
강남 지하 유흥주점에 모여
튕기는 젊음으로 코로나 파티를 타고
은밀하게 쑥쑥 번지는 코로나 바이러스
밤을 낮으로 바꾸어 상자를 옮기는
택배 기사들에게 실직의 슬픔을 안긴다

축축한 지하방에 모여 성경을 읽던
가난한 교회 사람들

답답한 가슴 풀어주는 말벗 찾아
방문 판매업체 방에 모인 사람들 사이에서
꺼지지 않는 잔불처럼
얼굴을 가린 사람들 사이로
은밀하게 번지는 바이러스

힘없는 사람들의 일터를 빼앗는다
헐값으로 하나뿐인 생명을 가로채 간다
새벽으로 가는 길 가로막은 채
차갑게 흘러내리는 눈물꽃 피운다

넷플릭스, 보이지 않는 손

이것 하나면 심심할 틈이라곤 없다.
처음에는 아이피티비에 딸려온 부록이거니 했는데
차츰 식상한 티비 영화 몰아내나 했더니
그 나물에 그 밥인 연예 프로그램들 모두 집어삼키고
마침내 잠도 잊은 채
리모콘 채널을 딱 고정시키게 만든다.

회사에서 돌아오기 무섭게 저녁 먹는 것도 잊은 채 캔맥주 하나 들고 오징어 게임에 빠져든다. 경영난에 휩싸인 직장에서 잘려 신체 포기각서 한 장 썼다가 게임에서 이기면 거액의 빚을 탕감받고 큰돈을 만질 수 있다는 말에 끌려 말이 된 이정재를 내 운명이라도 된 듯 따라간다. 게임에서 진 동료들이 죽어 나갈 때마다 얼마나 짜릿한 쾌감에 휩쓸렸는지 모른다. 우크라이나와 러시아의 전쟁은 저리 가라는 듯 쏟아지는 전쟁물 속 전사가 되기도 하고, 가슴 저릿한 멜로에 가슴을 깊게 베이기도 한다.

활짝 트인 엘이디 화면에 영화관을 담고, 공중파 방송은 물론 아이피티비까지 무용지물로 만들어버린 공룡 앞에 주말을 바치기 일쑤다.

그렇게 짜릿한 재미에 빨려 들어가는 사이 주머니가 줄줄 새는 것에도, 세금 도둑들에게 나라 살림이 거덜나는 것에도 눈을 감은 지 오래….

짜릿한 오락 너머 보이지 않는 손이 오라를 던져 사람들을 꽁꽁 묶는다. 숨도 쉴 수 없이 멱살을 꼭 쥔 채 컴컴한 골목으로 끌고 들어간다.

모슬포에서

이어도로 가는 길 만만치 않다는 듯
날카로운 화산석 이빨에
갈기갈기 찢긴 파도 잦아들 법한데
제 상처를 누른 채
다시 맑은 눈으로 다가와 말을 건다
부두 식당에 올라 입맛을 돋우는
은갈치며 옥돔 어느 것 하나
어부들이 밤새 어장을 지키느라
바치는 땀과 튕기는듯한 근육 배이지 않은 것 없다
그렇게 모래 많은 아름다운 바닷가 마을 이루었건만
몹쓸 바람 몰아치는 포구로 버린 이들
어디에 숨어 있는가
멀리 삼방산까지 활짝 열린 평원에
고구마 파란 꽃 핀 게 언제였던가
활짝 열린 벌판에 활주로를 닦고
중국 본토로 가는 전투기 띄운
히로히토의 헛된 꿈은 물거품이 된 것인가
팔십 년이 지난 지금도
어느 곳 하나 무너지지 않은 지하벙커 온존해 있고
가미가제 특공기 뜨던 활주로 자리 알려주는

팻말 하나 세워두지 않은 채
기껏해야 쌀 대신할 귀리나 조를 심는
무지렁이 땅으로 남겨둔 건 누구인가
강정 바닷가에 난데없는 군함을 들이느라
수천 년 지켜온 구럼비 바위 심장 깨뜨리고
낡은 어선 몇 척 피난살이 하느라 바쁜
모슬포에 몰아치는 거친 파도
누구네 마당에 쏟아붓는 슬픔인가
몹쓸 바람에 휩쓸려온 안개비 뚫고
먼바다로 가는 길 여는
등대를 켤 사람은 누구인가

이규보를 찾아서

모처럼 주말을 틈타 강화도를 찾아가는 길
코로나 19 감염증으로 온 나라가 들썩이는데도
서울을 빠져나온 차들
체증에 걸려 옴짝달싹을 못 한다

강화대교 입구에서 체온 검사하면서
오랜만에 전등사에 들렀지만
상춘객들에 치여 부처님과 눈도 제대로 못 맞췄다

사람에 떠밀려 서둘러 돌아오는 길에
이규보의 묘 가는 길
표지를 따라갔다
구불구불 산길 따라 가까스로 차를 몰아가니
야트막한 야산에 이규보의 묘가 보인다

고구려 시조 동명왕 이야기를 시로 써서
우리 강토가 멀리 만주 너머까지 뻗어 있다고
후세에 절절하게 증언한
문호의 무덤치고는 너무 초라하다

한편으로 미관말직을 지낸
시인의 묘
팔백 년 넘어 온존해 있다는 게 신기해
꽃샘바람을 헤치며 묘 주변을 몇 차례나 돌았다

잘 벼린 칼로 목을 겨누며
이규보에게 헌시를 쓰게 했던 최충헌은
임금을 허수아비로 만든 채
하늘을 나는 새도 떨어뜨리는 권세 누렸지만
그 무덤은 흔적도 찾을 수 없단다

몽골의 외침에 대비하기는커녕
축재하고 첩들을 건사하느라
벼슬아치들이 번번이 몇 곱절로 떼어가는 세금 탓에
허리 꼬부라진 농민들의 슬픔을
붓 한 자루로 그려낸 시인은
천년이 가깝도록 따뜻한 제삿밥을 먹고 있다

이규보의 영정이 있는 사당 길목
제비꽃 몇 송이 돌 틈새로 파란 얼굴 내밀고
봄농사를 준비하느라 두엄 냄새 잔뜩 품은
꽃샘바람만 솔솔 풍겨온다

마당 비좁게 늘어난 절집 앞에 놓인

기와 불사 복전함,
연결린 플라스틱 연등 따위를 떠올리니
비릿하게 코를 달구는 두엄 냄새 살갑다

몰려드는 상춘객들 등에 업혀
하루가 멀다고 절집들 늘어나고
산 아래 술 파는 음식점들 복작거리지만
이규보의 무덤을 감도는 정적
세상은 한발 물러서서 봐야 한단다

아무리 무섭게 잘 드는 칼도
가는 붓 하나 끝내 꺾을 수 없다고
티 없이 맑은 미소 띤 제비꽃이 일러준다

피맛골 가는 길

약속 시간을 까맣게 잊은 듯
수은주가 영하로 뚝 떨어진 11월 끝자락
청주서 올라온 친구를 만나러 종로로 향한다
피맛골, 마지막 남은 목로주점을 찾아가는 길
스토커처럼 바짝 붙어 뒤쫓아오는
찬 진눈깨비를 피해 지름길을 더듬어 간다

종각역에서 내리자마자 훅 끼치는 훈풍 따라가니
삼성빌딩 회전문이 와락 옷자락을 끈다
화신백화점이 있던 자리이다
일제 말에 박흥식이 동포들의 주머니를 턴 돈으로
비행기를 사서 일왕에게 헌납했다는데
쓰러지기는커녕 키가 두 배가 넘는 빌딩이 우뚝 섰다

하늘을 천정 삼은 듯 올라간
빌딩의 그림자 얼음의 도가니에 든 듯 차가워
종로2가 YMCA 쪽으로 발길을 돌리다가
길가에서 진눈깨비를 맞고 있는
키 작은 비석 하나를 본다
무슨 길 안내판인가 해서 다가가 보니

검버섯 성성한 오석 위에
김상옥 의사 의거 터라고 씌어져 있다

일왕이 휘두르는 군도도 무섭지 않다며
잃은 나라를 되찾고 일어선 동포들
북어를 꿰듯 잡아들이는
종로 경찰서에 도시락 폭탄을 던지던
젊은이가 버린 것들 찾을 수 없다
고혼이 떠나지 못하고 배회하는 듯
피맛골 돌아오는 찬바람 거센 의거 터 앞에는
요란한 금붙이를 파는 귀금속 상가며
파리 바게트며 일식집 들이 성업 중이다

그나마 표지석이라도 남아 있는
의거 터에서 몇 발짝 옮기니
해방 후 장안파 공산당이며
임화의 조선문학가동맹이 들어있던
장안빌딩이 해쓱한 얼굴을 내민다
하지만 어디에도 표지석은커녕
장안빌딩이라는 글자 하나 보이지 않는다

북쪽을 택해 올라갔지만
미제의 간첩 혐의로 재판정에 선 끝에
형장의 이슬로 사라진 임화

남쪽에도 북쪽에도
지친 몸 눕힐 자리 하나 없는 시인을 생각하며
처마 없는 장안빌딩 앞에서
한참 서서 시절을 모르는 진눈깨비를 맞는다
아무리 강자의 손아귀에 눌려
역사의 페이지들 뭉툭 잘려나가도
끝내 지울 수 없는 것이 있다고
철거 준비가 한창인
피맛골을 광인처럼 떠도는 찬바람이 귀띔해 준다

흔적

시월의 마지막 날
작은 책거리 모임이 있어서 종로에 왔다
종로2가 112번지 통일 빌딩 3층이라는 말만 듣고
쉽게 찾으려니
좀처럼 눈에 밟히지 않는다

지금은 사라진 종로서적 자리에 서서
책장 넘기던 사람 생각하는데
건너편에 YMCA 빌딩이 보인다

3·1 독립운동 발상지라는 동판
큼지막하게 박혀 있다
낯선 간판으로 모두 바뀐 마당에
그 자리 그대로 지키고 있었구나

하루가 다르게 세상이 바뀌는데
역사를 잊지 않고 있었구나
골목 건너 건물에 종로 12번지라는
낡은 글씨가 새겨져 있다
건물 이곳저곳을 둘러봐도

통일빌딩이라는 말이 보이지 않았다
창문을 빼꼼히 열고 나오는 관리인에게
건물 이름이 왜 없냐고 물으니
초로의 관리인은 "몰랐어요?"
되려 되묻는다

모임에 온 사람에게 나중에 들으니
해방 후 임화가 주도하던 조선문학가동맹과
박헌영의 조선공산당이 입주해 있던 장안빌딩이란다

벽 곳곳에 총탄의 흔적이며
질긴 울음이 숨어 있는 듯하다
바로 옆 건물에 새겨진
삼일운동 기념 동판과 대비되면서
생각이 다르다는 이유로
역사의 흔적을 예리한 칼과 총으로
지워 없애버린 것 같아
마음 한구석이 쓰릿하다

종로통 같지 않게 흐린 벽이며
좁은 사무실들이 벌집처럼 들어선
통일빌딩을 나오며
누군가 거친 손으로 지운 역사
마음속에 남아 있다고 크게 외쳐 본다

송정리역

화순 탄광 캄캄한 어둠을 퍼온 걸까
서울로 가는 탄차에서 흘러내린 조개탄
동장군의 매서운 발톱을 녹이고도 남았다
그해 겨울바람을 이기기에는 힘이 부쳤을까
봉두난발 임방울 버려진 아들
시장통에서 떠돌다 복어 알을 삼켰지만
글썽이는 눈물 그대로 얼어붙은 주검
누구도 돌보지 않았다
그 아픈 기억 옛이야기라는 듯
지붕 위 잡풀 무성한 역사 헐린 자리에
에스컬레이터 핑핑 돌아가고
씽씽 달리는 KTX 서울 가는 길 반으로 줄인 자리
낡은 시골읍 풍경은 말끔히 사라졌다
따스한 인정 오가던 역전 신신다방
삐걱거리는 계단 철거된 자리에는
번쩍거리는 신라 렌트카 회사 들어서고
가난한 여행자들 서울로 가기 전
언 몸을 녹이던 1003번지 여인숙촌
사라진 자리에는 하늘 찌르는 호텔이 들어섰다
세상은 죄다 비까번쩍 살기 좋게 변했다는데

어린 날 꿈을 굽던 극장은 사라지고
시장 구석구석 파릇하게 귀를 내밀던
구멍가게들 흔적도 없이 사라지고
외지인들 시선을 끄는 커피숍들만 날로 늘어간다
여름같이 화끈거리게 달궈진 역사 벗어나
겨울바람 손때 매서운 시장통을 찾는다
여전히 삼대를 지키는 소머리 국밥집 문 밀고 들어가
뜨거운 국물로 섣달 추위를 녹인다
술술 뜨겁게 풀리는 속
살맛 나는 세상은 이런 것이라고 말해준다

용산역 재개발지 앞에서

모처럼 곱게 아이라인을 그은 듯
5월의 하늘에 펼쳐진
능금빛 저녁놀이 철거지를 비추고 있다
이가 빠진 채 뒹구는 밥그릇,
철거민들의 쉰 목소리처럼
갈래갈래 찢어진 플래카드
사람 그림자 사라진 공터를 지키는 방범초소
눈물 번진 유리창들이 이렇게 반질거린 적은 없다
터전을 빼앗긴 7명의 아까운 목숨이
화마 속으로 사라진 남일당 터를 본다
아직 땅거미를 물 때가 아니라는 듯
바닥에 박힌 사금파리들이
아쉬운 햇살을 모으고 있다
아이파크 백화점에서 두 손 가득 명품들 사들고
쏟아지는 사람들과 등을 돌린 채
공터는 5월에 이슥해지도록 찬바람만 날리는데
며칠 새 뚝딱 올라간
아파트 모델하우스에 데닥데닥 붙은
물방울 다이아 빛 로고들이 큰소리를 치고 있다
푸르지오, 세상의 절정을 만나다!

천정 모르고 치솟은 분양가
가난한 세입자들의 손이 닿지 않도록
저녁놀을 바른 모델하우스 천정
더 높이 올라가고 있다
군데군데 기운 양철 가림막에 가려
오갈 데 없는 철거민들의 울음일까
세상의 끝을 향하는 듯
분양 공고 플래카드들
미세먼지에 둘둘 휘말려
연방 뜻 모를 질긴 소리 외치고 있다

엉큼한 자목련

아파트 창밖 자목련이 크는 걸 보면
물만 마셔도 살이 찐다는 말
저릿하게 실감한다
이무기 꼬리같이 길게 이어지는
장마 끝난 뒤
건들장마 한 차례 지날 때마다
새 가지를 내며 쑥쑥 키를 높이더니
마침내 수락산을 개기일식처럼 가려버렸다

화들짝 놀란 관리사무소 사람들이 달려와
전정가위로 자목련 웃자란 가지를
싹둑 잘라 버렸다
아, 가지를 자린 자목련의 시무룩한 모습이라니

이태가 지나고 봄이 저물도록
꽃 한 송이 피우지 않았다
그 뒤 잘린 팔 위로
여린 가지를 슬금슬금 내가더니
마침내 올여름 끝에는
다시 수락산의 턱까지 키를 올렸다

자목련이 수락산 훤한 이마를 가려버려
이제 가지치기를 부탁해야 하나 하는
생각이 꿀같이 들 무렵
세 해째 불임인가 싶게 시무룩해 있던
자목련이 온 가지에 연붉은 꽃을 피웠다

또 다시 팔 잘리기 전에
창밖 풀밭에 꽃씨를 뿌리고 말 궁리하며
시무룩한 모습으로 위장한 채
전정가위 차가운 손찌검을 피했을 것이다

온 가지에 탐스러운 꽃 피운 자목련에
새벽밥 지어내고
낮으로는 허리 한번 펴지 못한 채
사래 긴 밭을 매면서도
그들먹하게 칠 남매 낳아 키우고
묵언으로 지내던 엄니
젖어 있는 귀밑머리를 겹쳐본다

이번 휴가에는 남쪽 빈집 지키는 엄니를 만나러 가야겠다

4부

탁란

광대들

아무리 꺼내기 어려운 말일지라도
그의 굽은 등을 빌린다면
싣지 못할 게 없다
앞뒤가 잘 맞는 문장일지라도
그의 비뚤어진 입술에 올려지는 순간
뒤죽박죽 의미를 종잡을 수 없다

맨살이 군데군데 드러난 찢어진 옷
어기적거리는 걸음걸이로
돋보기라도 댄 듯 시선을 모으고
세상의 모든 혀 위에
달디단 밑반찬으로 올려진다

그렇게 앞뒤가 맞지 않는
숭숭 구멍 뚫린 어수룩함으로
세상의 눈을 피해가지만
그의 손바닥 깊이 숨겨진
예리한 칼을 본 사람은 없다

좌우가 다르게 무너지는 입술에 담는

깊은 슬픔을 숨긴 웃음으로
세상의 눈 슬쩍슬쩍 피하는
그의 배후를 본 사람은 없다
위험한 완장을 찬 채
관객을 망각의 늪으로 끌고 가지만
지레 발을 헛디뎌
끝내 돌아오지 못하는
박수갈채에 가려져 허물어지는
그의 뒷모습
누구도 돌려본 적 없는…

교동도에 가서

임진강 하구와 황해가 만나는
최북단 교동도 대룡시장에 들러
황해도 피난민들이 즐겨 먹던 멸치국수에
감자전을 곁들여 초여름 허기를 달랜다
사흘이면 포화 그친 어머니의 땅으로 돌아가리라
주머니에 넣어온 감자로 빚은
어머니 손맛 그대로란다

젓가락을 놓은 뒤에도 남는 맛 따라
바다 건너 연백 땅 가까운
섬 최북단 밤머리산 망향대를 찾았다

70년이 넘도록 그어진 금단의 선
건드리면 발목 지뢰가 터져
발마저 묶이고 말리라는 공포
초여름 공기를 차갑게 가라앉힌다
망원경에 눈을 갖다 대자
살풍경은 남북을 자유롭기 오가는 갈매기 날개며
눈을 맑혀주는 듯 초록만 넘친다

흐린 초점을 맞추고
연백 땅 마을 길을 걸어가는 몇 사람
무논 갈아엎기에 바쁜 농부들을 본다
지척인 듯 또렷하게 보인다
그 옆 공터에서 공을 차는 젊은이들
갈매기 날개에 얹혀
더 가깝게 다가오는 듯하다

바로 곁에 펼쳐지는 북쪽 고향 풍경
이 땅을 갈라놓은 것은
차가운 강물을 떠다니는 발목지뢰 아닌
보이지 않는 곳에 숨은 욕망
형제들에게 건네준 증오의 총 건네준 채
은밀하게 무기 공장을 돌리는
두 얼굴을 가진 야만이라고 말해준다

뭍으로 닿는 다리 놓이면서
북적거리는 교동도 대룡시장 인파 속으로
사흘이면 다시 만나리라던 약속
지켜줄 사람 찾아 두리번거리던 갈매기들
서울 쪽에서 몰려드는
검푸른 저녁 하늘에 한 점으로 삼켜진다

박수근의 새

덕수궁 현대미술관 전시회를 둘러보다
천정까지 캔버스가 닿는 대작들 사이
좁은 틈새 비집고 박혀 있는
손바닥만 한 소품에서 눈을 떼지 못한다
숨 쉴 곳 한 군데 없이
메워져 있는 시멘트 바닥
깨진 틈 마당 삼아 핀
제비꽃 맑은 향기 맡아진다
엽서 크기만 한 그림판에
무수하게 찍힌 검은 점들 사이
여윈 기러기 두 마리
진종일 어린것들 거둘 양식 찾아
허공을 내내 빙빙 돌다
석양 앞에서 고단한 날개 접은 채
부리를 따스하게 맞부비고 있다
눈이 옆으로 달린 새들
서로를 바로 보지 못한 채 서 있는 모습
창신동 산비탈을 오르내리며
힘겹게 아이들을 키워온 부부 같다
무구하고 따스한 새벽빛

한 자락을 얻기 위해서
얼마나 어둡고 긴 터널을 건너야 하는지 아느냐고
흰옷 한 벌 걸치기까지
밤새 뜨거운 몸을 달구는 19공탄,
꼬박 뜬눈으로 밝히며 꿰는 인형 눈,
헹궈내도 헹궈내도 가시지 않는 땀 냄새들
퀴퀴하게 배어
아무리 씻어도 빠지지 않는 게
보이지 않느냐고
외눈박이 물고기처럼 말한다
그림은 고상하고 부드러운 붓질이 아니라
땀 범벅으로 꼬박 긴 밤
터널을 통과해
마침내 깨끗한 새벽을 열어가는 사람들
무너진 가슴을 담는 그릇이라고
검게 그을린 그림 저 너머
깊은 밤에도 붓질 그치지 않는
노화가 푹 들어간 눈으로 일러준다

스타필드 삼성

이제 더 이상 먼 나라로 가지 않아도 된다
코로나 19로 비행기 표 손에 쥐기가
하늘의 별 따기인 마당 따위 남의 이야기다
지하철 2호선을 타고 삼성역에 내려
곧장 강남공화국 수도 스타필드에 입국하면 끝이다
먼 나라에서 무엇을 사들고 올지
더 이상 걱정하지 않아도 된다
별마당 도서관에 발을 들여놓기만 하면
주머니에 돈이 없어도 진종일 책장을 넘길 수 있고
인터넷의 바다쯤은 맨발로 헤엄치며 돌아다닐 수 있다

그렇게 빈 주머니로 강남 지하 공화국을 헤매다가
눈을 의심케 하는 매혹 앞에 눈을 떼지 못한다
자라, 시코르, 유니클로, H&M, 에탐, 까사미아…
반라의 모델들에게 시선을 돌리지 않을 수 없게
벽 가득 채운 엘이디 스크린이 빙빙 돈다

이제 이렇게 살아서는 안 된다고
건담베이스에서 노려보던 AI 병사들이 레이저 총을 쏴대서

두둑한 주머니 풀 데 없는 스타필드 시민들을
애플샵, 갤럭시 모바일 시티로 몰아간다
2억뷰째 BTS 너튜브가 코로나의 벽을 뚫고
강남공화국 영토를 뉴욕으로 파리로 넓히고 있다

출출해서 눈을 돌리면
입맛을 돋우는 풀바셋, 테리로사, 러네펠트 티하우스,
더플레이스, 데블스도어, 디퀸즈…
군침이 돌게 하는 엘이디 속 메뉴들이
무국적 시민들을 끌어당기기에 바쁘다
포크와 나이프만 있으면 비자는 저절로 나온단다

아무리 둘러봐도 한글 간판은 보이지 않고
연결린 꼬부랑 글씨들 사이에서
훈민정음 속 글씨가 보여 달려가니
'스시 한판' 간판 속 생선초밥과 우동이 팔을 잡아끈다

출출한 속 뎁힌 다음
스타필드를 오리나 걸어 겨우 찾은
메가박스 개봉관 소파에 어깨를 묻은 채
독일 디자이너 디터람스 다큐를 본다
우리말 까맣게 잊어도 얼마든지 살 수 있다고
깨알같이 긁힌 글씨로 써진 한글 자막이 일러준다

극장 밖으로 나오며 들여다본 스마트폰 속 시계
밤 아홉 시를 넘고 있지만
스타필드는 이제 시작이라는 듯
대낮같이 켜진 엘이디 스크린 속 핀업걸들
탱크탑을 바짝 올린 채 브레이크 댄스에 여념이 없다

무인 택배

스마트폰 파란 눈이 소리 없이 깜박거린다
까톡 까톡!
주문하신 물건이 무인 택배함에 도착했습니다!
침대를 뭉개며 넷플릭스를 보다 말고
생고무 슬리퍼를 질질 끌며
엘리베이터를 타고 지하 택배 코너로 간다
물건을 찾으시려면 비밀번호를 누르세요!
기름기라곤 한 음절도 섞이지 않은
컴퓨터 합성 여자 목소리대로 숫자 버튼들을 누르자
덜컹! 택배함의 문이 열린다
오늘 밤 저와 함께 마음껏 즐겨요
금방 냉장실에서 꺼낸 듯
찬 이슬 좌르르 흐르는 캔맥주와
베네통 가을 신상 모델의 허리를 닮은 듯
흐르는 곡선형 접시에 담긴 안주가 턱밑을 파고든다
이 정도면 긴 가을밤을 너끈히 견딜 수 있으리라

안녕히 가세요 또 만나요!
차르르 탁 택배 상자 닫히는 소리
엘리베이터를 잡아탔지만 꿈쩍도 않는다

입주자 카드를 대주세요!
보이지 않는 여자가 귀띔해 준다
뒤적뒤적 온 주머니를 뒤집은 끝에
찾아낸 카드를 댄 다음 층 버튼을 누르자
엘리베이터가 마지못한 듯 움직이기 시작한다

너튜브로 엘렌 그리모의 피아노 실황연주를 틀어놓은 후
협탁에 캔맥주와 치즈 스낵을 풀어놓자
딩동딩동 다급하게 울리는 인터폰 소리!
까먹었어 비번이 어캐 돼?
인터폰 화면에 머리가 흐트러진 그녀의 얼굴이 비친다
숫자를 알려주자 잠시 후 아파트가 쓰윽 열린다

반가웠어 긴 가을밤 혼술 하나 했는데…
캔맥주 하나씩 나눠 들고 혀로 치즈 케이크를 녹이는 만큼
장편 영화처럼 긴 가을밤은 짜릿하게 흘러간다
섹스는 덤, 가볍게 서로를 섞어간다
7년째 열애중… 결혼은 선택하기 어려운 짐이다

폭풍 샤워로 사랑의 흔적을 말끔하게 지운 다음
아무렇지도 않은 듯
스르르 밀려가는 SUV를 몰고 돌아가고
훌쩍 줄어든 가을밤이 가기 전에
내일을 예약하기 위해 온라인 마켓에 접속한다

더블버거 세트와 함께 모닝커피를
가상의 장바구니에 담는다

까톡 까톡 까르르!
친절한 스마트폰은 무인 택배 도착을 날려줄 것이다
택배 예약 번호를 메모장에 기록한 다음 잠자리에 든다
딩동딩동 무인 택배 도착을 알리는
AI 여자 목소리를 알람으로 설정한 채…

쓰리 팩토리 안경점

이래도 흐릿한 세상이 남아 있을 수 있느냐고
파란 가을 하늘 고스란히 담은 렌즈들
자리를 다투며 다리를 포개고 있다
두툼한 렌즈를 깎느라 힘겹게 사각거리는 연마기
더 이상 눈에 안경을 맞추지 말고
안경에 눈을 맞추면
원하는 세상 활짝 열릴 거라며
렌즈 초점으로 와락 끌어당긴다

투명하고 두툼한 뿔 안경테에 담기면
멍든 듯 검푸른 맹아학교 앞길도
중국발 미세먼지에 휘말려
숨 막힌 수리산도 이내 거짓말처럼 맑아진다

밝게 당겨진 그 길 달려가면
조여든 혈관 헐거워지듯
병목 출근길도 시원하게 트일 것 같은데
아무리 뒤적거려도
취업 공고문 글자들 뭉개져
가까이 가도 읽히지 않는다

코로나 19가 이태를 질질 끌면서
뭉개진 코인 노래방이며 분식집
망가진 번호키 다시 맞춰지지 않는다

쓰리 팩토리 안경점 벗어나자마자
금세 흐릿해지는 길
말을 꺼낼 엄두도 내지 못한 채
그늘을 지키고 있는
키 작고 조브장한 가게들에게
따스하게 초점을 맞추라고
눈자위 퉁퉁 부은 렌즈들이 귀띔한다
서둘러 굵은 테에 눈을 맞추지 말고
내게 알맞는 안경을 고르라고
뜨겁게 일러준다

과천, 생인손 파고드는

방배에서 강감찬 살지 않는 낙성대로
한 몫 노리고 택시 미터기도 끈 채
경마장 가는 차들로 숨이 막히는
남태령 벗어나자마자 파란 하늘 훤히 트인다
검붉은 황사 걷히면서
산국, 사르비아 코끝을 감도는 향기에
잃었던 살 맛이 다시 살아났다
과지초당 앞에 펼쳐진 수련이며 유채꽃 화원
생의 끝을 굽힘 없이 보낸
추사 김정희의 마당 같았다

그러던 것이 어느 날 꽃나무 그득한 비닐하우스
캐터필러의 앙상한 이빨에 찢겨 나가면서
쑥쑥 아파트가 올라가기 시작했다
과천 땅값도 금싸라기가 되었구나 박수를 쳤더니
아파트들 키를 겨루면서
파란 하늘 한 뼘도 남기지 않고 가려 버렸다
남태령 가파른 고개에 걸려
멈칫거리던 검붉은 얼굴의 황사도
아파트숲이 불러일으키는 회오리에 실려

과지초당 너머 과천 일대를 삼켜 버렸다
서울 부자들에게 진즉 땅을 빼앗기고
비닐하우스 빌려 꽃나무를 키우던 농부들
일터마저 빼앗긴 채
갈 곳 잃은 꽃나무들만 패잔병처럼 버려졌다

인덕원 지나면서 숨이 막혀오는
과천 재개발 아파트 숲을 본다
관악산에서 불어오는 맑은 공기를 마시고
매캐한 폐수 냄새를 뱉어내는

귀면 선인장

아무리 사방을 둘러봐도
마른 목 풀어줄 물 한 모금 보이지 않는데도
코브라처럼 곧추세운 허리 숙이지 않는다
파란 하늘 향해 뻗은 직선에 매혹되어
손으로 쓰다듬기라도 할라치면
온통 가시 돋친 몸 내밀어
검붉은 피로 물들이고 만다
마음에 없는 사람에게 품는
서릿발 같은 앙심이려니 했더니
가시 아래 간직한 보석 같은 이슬 한 방울
빼앗기지 않기 위해서란다
땅값 비싼 자리에 이웃들 세치고
서둘러 뿌리를 내리느라 안간힘 쓰지 않고
아무도 밟으려 하지 않는 변방에
뿌리 내리고
물 한 모금 신세 지지 않아도
밤하늘 별빛을 닮은 이슬
제 몸을 찌르며 빚어낸 성성한 가시로 지키는
그의 얼굴을 본 사람은 없다
맹독을 쏘듯 머리꼭지에

빨간 꽃 하나 앉는 순간
거친 세상 향해 내민 귀면鬼面
더없이 넉넉한 어머니의 얼굴로 바뀌는 걸
본 사람은 없다
어릴 적 불장난하다가
귀가 해진 책들 까맣게 태워먹던 날
매섭게 회초리 드셨던 아버지
귀면 안쪽, 보이지 않게 흐르던 눈물
그 보석같이 빛나던 것 놓치듯…

쿠팡, 로켓을 쏠 때

쿨쿨 깊은 잠의 사원을 짓고 있을 때
그는 벗은 발뒤꿈치로 슬며시 찾아온다
등에 성능 좋은 로켓 하나 짊어진 채
아무리 아파트 출입구를 꽁꽁 닫아두어도
맥가이버라도 된 듯
소리 없이 타고 들어온다

이 위성도시를 벗어나 서울로 가려면
밤이 벗겨지기 전에 서둘러야 한다고
잠의 깃털 다 털지 못한 채 대문을 열면
잉크 냄새 풀풀거리는 조간신문 아닌
쿠팡, 로켓 프레시
신선식품 박스가 오들거리며 기다리고 있다

지난밤 사랑의 집 짓느라
얼마나 노고가 많았겠느냐고
당신은 이제 충전의 시간을 가져야 한다고
눈물 같은 이슬 연방 흘러내리는 입장포도
가지에 힘겹게 매달려 있을 때보다
빨간 볼이 더 살아 있는 홍옥

손질을 다 마쳐 그대로 물만 부으면 되는
찌갯거리 담긴 일회용 플라스틱 용기
목장에서 갓 짠 우유가 담긴 종이팩…
더 이상 손에 물 묻힐 필요 없이
한 상 차리기만 하면 된다고
와락 처음인 몸을 맡긴다

달포째 미뤄둔 사랑을 위하여
잔업으로 눌어붙은 찌든 땀 씻기 위해
샤워 부스로 가기 전
화룡점정하듯 주문 버튼을 눌렀을 뿐인데
채 반나절도 안 되는 시간에
티파니보다 더 신선한 아침을 맞다니!

앤젤리나 졸리라도 된 듯
미소 반 스푼 푼 모닝커피를 타다가
찻잔 속에 비친 얼굴을 본다
등에 무거운 배송 상자를 여러 층 겹친 청년
새벽잠 고스란히 빼앗긴 채
엘리베이터 버튼을 몇 번이고 누르는 게 보인다
로켓 프레시 끈끈한 라벨을 떼어내니
등에 박힌 푸른 멍이 가시지 않는
잠을 빼앗긴 택배지기 청년
엘리베이터보다 더 빠르게 계단을 오른다

핑핑 돌아가는 24 프레임 비디오보다
더 빠르게 오르지만
달릴수록 목적지는 더욱 멀어진다

무인 카페 산책

애월 마지막 바닷가 고내리 18번지
무인 카페에 들러 무더위를 식힌다
바텐더 없이도 따끈한 김 피어오르는 커피 한 잔
다닥다닥 붙은 집들 버리고
잠시 뜨거운 시간을 내려놓으라고
해안도로 넘실거리는 파도를 빌어 말한다
빈 칸이라곤 한 군데도 없이
빽빽한 슈퍼마켓 진열대
더 이상 붓 댈 데 없이
꽉 채워진 캔버스 버리고
마음껏 여백을 두어야 한다고
수평선 끝 한 점으로 남은 고깃배에 들러
따뜻한 저녁놀 한 짐 실어주고
돌아오는 파도가 일러준다
너의 페이지를 비우라고
뜨겁게 타는 광란의 도시와 떨어질 때
환한 불빛이 뭉개버린
서늘한 그늘 한 평
비로소 드러난다고
애월 때 묻지 않은 파도가 귀띔해 준다

은행나무 길

태풍이 휩쓸고 지나간 안양천에 가본다
궂은 비를 가려줘야 할 지붕
배를 뒤집은 배처럼 떠밀려 가고
몇십 년 제자리를 지키던 플라타너스도
뿌리 뽑힌 채 쓰러져 있다

그렇게 어지러운 둑길
경이로운 풍경 앞에서 눈을 떼지 못한다
쓰러진 가로수들 사이
키 작은 은행나무 몇 그루
파릇한 잎을 기지개 켜듯 올리고 있다

지난 늦가을 우수수 떨어진 은행 몇 알
코를 감싸 쥐게 하는 구린내에
발 재껴 딛기도 하고
더러는 밟아서 풀숲 사이로 내차기 바빴더니
잡풀에 덮인 은행알 몇 송이
그 덕분에 살아남아 싹을 피운 것이다

자신은 야근을 밥 먹듯이 하면서

방직공장에서 피륙을 짜느라
손가락 성성한 땅가시가 되고
온몸을 두른 궂은 땀냄새 풍겨
버스 타기도 부끄러웠던 어머니
검푸른 주름 성성한 얼굴을 겹쳐 본다

자신은 거친 손 다듬을 날 없어도
어린것에게 매끄럽고 두툼한 책 안긴 끝에
향기 나는 학사모 씌우고
백묵을 쥐게 한 어머니는 안녕한가

가을비 내린 안양천
파릇하게 하늘을 들어 올리고 있는
키 작은 은행나무
가장 낮은 데를 사랑할 때
가장 높푸른 하늘 가질 수 있다고
묵묵히 일러준다

주상절리

어느 조각가가 숨어
이어도 훤히 보이는 산마루까지
잘 마름된 바위 기둥들을 세웠을까

가지런히 파란 하늘까지 올라간
주상절리들을 보면
피둥피둥 거푸집 부푼 내 정신도
솜씨 좋은 조각가에 맡겨
말끔히 덜어내고 싶다

가지런히 어깨들 포갠 채 서서
차고 매운 겨울바람 너끈히 이겨
거문오름 아래 벌판에 유채꽃 피우는
주상절리처럼 굽은 데라곤 없이
곧게 서고 싶다

이어도에서 달려오는 거친 파도
온몸으로 따뜻한 저녁놀 펼치는
저 돌기둥들처럼
힘든 짐 지고 비계 오르는 친구

버거운 짐 들어주고 싶다

조각칼로 새겨진 상처,
마다하지 않으며
허공에 다리를 놓아가는 주상절리
공사장 인부들 깨진 어깨를 딛으며
한층한층 계단을 쌓아
파란 하늘로 올라가는 마천루

멀리 이어도에서 사무쳐 몰려오는 파도
하나도 버리지 않고 거두어
깨끗한 해 들어 올리는 주상절리

두려움 없이 상처를 안으며
제자리를 지키는 자만이
저 바다를 거들 수 있다고 말한다
파도의 거친 갈기 온몸으로
깨끗한 저녁놀 한 폭 펼친다

탁란

제 몸집의 몇 배는 족히 되는 뻐꾸기 알을 품은 채 뜬눈으로 밤을 지새는 뱁새를 본 적이 있는가. 뻐꾸기는 어미 뱁새가 잠깐 외출한 틈을 타, 뱁새 알을 둥지 밖으로 떨어뜨리고 제가 낳은 알들을 대신 밀어넣는다. 외출에서 돌아온 뱁새는 색깔이 다른 뻐꾸기 알을 보고서도 아무렇지도 않은 듯 꼬박 열흘을 품어서 마침내 어린 것들에게 세상의 빛을 보게 해준다. 알을 깨고 나온 새끼 뻐꾸기 깃털 색이 다르고 금세 저보다 덩치가 커져도 개의치 않고 사냥해온 먹이를 제 새끼와 똑같이 먹여 기른다. 한 달도 못 가 남의 새끼는 뱁새 어미보다 몸집이 훨씬 더 커져 버린다. 뱁새의 작은 둥지는 찢어지고 뻐꾸기 새끼가 주둥이를 벌리면 뱁새 어미까지도 삼킬 듯이 보인다. 그래도 뱁새는 다 자란 뻐꾸기가 둥지를 떠나 넓은 세상을 찾을 때까지 온몸을 던져 기른다.

안면도 가는 길에 하늘을 찌르는 굴뚝 위로 흰 연기 뿜어 올리는 발전소를 본다. 저 푹푹 뜨거운 김을 내뿜는 굴뚝 덕분에 어두운 밤을 밝히고, 한여름에도 에어컨 씽씽 돌려 더운 줄 모르고 날 수 있었으리라. 고마운 생각이 들다 문득 어두운 저장고에서 석탄을 실어 나르는 컨베이어 벨트를 살피다 그만 무서운 속도로 돌아가는 바퀴에 끼어 절명한 김

용균 군을 생각한다. 대학 문을 나서도 일터로 들어가는 문이 이렇게 비좁은 세상에, 귀한 자식을 맡기는 마음 꼭 뻐꾸기 같았으리라. 어린 것이 캄캄한 세월 잘 견디고 넓은 세상으로 가는 빛 만나리라 생각했는데, 제 식구들은 하늘같이 챙기면서도 천리 타향 마다치 않고 맡긴 아들 손 잡아주는 이 없이 컴컴한 석탄 저장고로 밀어넣고 모른 체하는 차가운 벽을 본다. 아무리 석탄을 쏟아부어 뜨겁게 보일러를 데워도 더욱 영하의 온도로 내려가는 벽을 본다. 제 몸보다 큰 뻐꾸기 새끼를 제 자식과 같이 품는 뱁새는 어디 숨어 있을까. 푹푹 찌는 한여름에도 꽁꽁 언 어둠 뒤돌아보지 않고 무엇이든 다 삼킬 듯 몰인정하게 빨려 들어가는 검은 벨트를 본다.

수국

동해 넘실거리는 피도에 실려
날아갈 듯 선
낙산사 홍련암 가는 길
연분홍 수국 한 송이 만나면
건들장마 비설거지한 날에도
하나도 배고프지 않다
사람은 결코 한 끼의 기름진 식사 아니라
보이지 않는 양식으로 사는 것이라고
비바람 거셀수록 더욱 맑은 얼굴 씻는
수국 풍성한 머리채가 말해 주었다
일엽편주 홍련암이 거친 파도를 잠재우듯
아무리 건들장마 건달처럼 길 가로막아도
오롯이 만리 가는 향기 내어
바다로 가는 길 환히 보여준
수국 한 송이
허리 꼬부라진 어머니 머리채다
일생 동안 방직공장에서 무명베 트느라
얼굴에 분 한번 바를 틈 없어
헝클어진 파마로 사철을 살던 어머니
머리를 동여맨 수건에서 풍기던

여자 아닌, 기름 냄새, 한 필의 피륙이라도 더 짜느라
뛰어다닌 땀 냄새,
칭얼대던 어린 것 달래던 젖내음 들이 뭉친 것이었다
당신의 삶은 바닥에 구겨져도
어린 아들에게 내일로 가는 길
하나 열리면 다 내려놓을 수 있었던 어머니
헝클이진 파마머리 향기
천 리 밖 객지에서도 생생한…

고추밭 발전소

추사 고택이 있는 신례원에서
삽다리로 넘어가는 산길
지난해까지 초록 바다를 이루던 고추밭에
놋쟁반에 부빈 듯 반질한 햇볕만 이글거린다
사래 긴 밭 가득 자란 고추
초록 물감을 흩뿌리던 자리에
태양광 전지판이 빈틈없이 덮혀
쨍한 햇볕을 남김없이 끌어들이고 있다

고추 농사 제아무리 풍년이어도
막막한 판로 탓에 늘 적자만 보던 삼촌
땅을 통째로 외지인에게 팔아넘긴 뒤끝
산더미 같은 농협 빚
절반도 못 갚은 채
멀리 천안 임대 아파트로 이사가고
삽다리 빈집에는 거미줄만 낭창낭창하다

장항선 철길을 달리다가
가을걷이 끝난 휴경지 시리게 비치던 것도 옛말
청보리 파종을 포기한 논에

태양열 전지판이 우주 기지라도 세우듯
속속 쇠다리를 속속 펼쳐지고 있다

더 이상 추곡 수매도 하지 않고
상추마저 멀리 중국에서 공수해 온다던가
팔리지 않는 고추밭에 발전소 속속 들어서며
초록이 사라진 자리
서울 사람들의 검은 손
보이지 않게 거머쥐고 있다

농어민 후계자 선정증 내던진 조카
도시로 가 통닭집을 열었다가
코로나 19에 쫓겨 다시 빚더미에 올라앉고
재개발만 느긋하게 기다리는 빈집에는
거미줄을 낭창하게 건 왕거미들
먹이 사냥이 한창이다
헛간을 들어낸 자리를 차고앉은 복권방,
고가로 판 농가 아파트로 바꿔준다는 떴다방,
가입만 하면 공짜로 70만 원 보조금 준다는
아이피 티뷔, 인터넷 대리점은 성업 중이고
고추 대신 전지판이 쨍쨍한 내포평야
파란 하늘 허리 펼 수 없게 낮아지면서
검푸르게 낀 중국발 미세먼지로
가시거리가 급속하게 줄어들고 있다

라이더가 그은 직선

찍은날 2022년 4월 25일
펴낸날 2022년 5월 1일
지은이 박몽구
펴낸이 박몽구
펴낸곳 도서출판 시와문화
주 소 13955 경기 안양시 동안구 경수대로883번길 33, 103동 204호(비산동, 꿈에그린아파트)
전 화 (031)452-4992
E-mail poetpak@naver.com
등록번호 제2007-000005호(2007년 2월 13일)
ISBN 978-89-94833-79-8(03810)

정 가 12,000원

*이 책은 경기도, 경기문화재단의 지원을 받아 발간되었습니다.